1

Karin Brose

Mama, du nervst!

Erziehung, Schule & Co.

„Mama, du nervst!" – Na und?

Das kleine Kolumnenbuch hat Tipps und Rat für den Umgang mit Nachwuchs und Schule.

Karin Brose,
Bildungsexpertin und Studienrätin a.D,
lebt in Hamburg
www.brose-schulcoaching.de

4

Karin Brose

Mama, du nervst!

Erziehung, Schule & Co.

Impressum

Produktion Karin Brose, Hamburg 2018

Fotografien/Bilder Karin Brose

Herstellung und Verlag:
BoD – Books on Demand, Norderstedt

ISBN 9783746097268

Inhalt

Es ist die Liebe!

„Wann kann ich endlich ins Bad?!" Sie sind genervt, denn der 7:30 Bus wird nicht auf Sie warten, nur weil Ihre Tochter das Bad blockiert. Das geht nun schon eine ganze Weile so und Ihre Geduld hat Grenzen. Eines Tages erklärt sich die lange Zeit vor dem Spiegel. Marie hat plötzlich eine Zwei in der Mathearbeit. – „War das eine besonders leichte Klausur?" wollen Sie wissen. – „Nein, gar nicht", antwortet Ihre Tochter stolz, „aber ich hatte mit Nora geübt; die ist super in Mathe." Auch wenn es Sie freut, dass die Sorgen um die Mathezensur wohl vorbei sind, kommt Ihnen dieses Engagement für Mathematik spanisch vor. Als Marie dann plötzlich täglich von Ihrem Mathelehrer erzählt – der kann super erklären – und süß ist er – und heute hat er mich so angelächelt – ... wird Ihnen klar wo das akute Bemühen Ihrer Tochter seine Wurzeln hat. Sie ist verliebt! Was kann man sich als Eltern mehr wünschen, als einen solchen Motivationsschub? –

Johannes ist seit einiger Zeit wie verändert. Er scheint extrem abwesend mit seinen Gedanken. Er hört nicht zu, stattdessen träumt er vor sich hin. Die Hausaufgaben werden und werden nicht fertig. Der Mülleimer steht noch immer voll im Flur. „Hast du Milch gekauft, Johannes? Wir müssen los, was machst du so lange?!" Er hat keinen Appetit. – „Nun nimm dir noch, du isst doch so gern rote Grütze". – „Keinen Hunger". – Auch seine Leistungen in der Schule haben stark nachgelassen. Zwei Klausuren hat er schon verhauen, obwohl er eigentlich ein recht guter Schüler ist. Nachts brennen jetzt noch lange nach Mitternacht Kerzen in seinem Zimmer. Sie machen sich Sorgen und fragen sich, ob vielleicht ein Termin bei einem Psychologen angeraten sei. Diese Frage beantwortet sich von selbst, als seine Schwester sich beim Abendessen beklagt. „Die Neue in der 9f ist vielleicht eingebildet! Nur weil sie ganz gut aussieht mit ihren blonden Haaren bis zum Hintern, ist sie ja nicht gleich was Besseres. Natürlich sind die Jungs hin und weg. Isabel heißt sie und sie nutzt alle nur aus, aber die merken ja nichts! Typisch Männer."

12

Johannes Gesicht färbt sich langsam rot. Dann platzt es aus ihm heraus: „Du hast ja keine Ahnung! Isabel ist ganz anders und überhaupt nicht eingebildet. Ihr seid ja alle nur neidisch, weil sie so toll aussieht!" – Der Besuch beim Psychologen hat sich soeben erübrigt. Sie müssen schmunzeln – Vorsicht! Die Mimik im Griff behalten! – Sie erinnern sich an Ihre erste große Liebe. Helga hieß sie. Immer, wenn Sie sie trafen, überkugelte sich Ihr Magen und das letzte, was Sie zu dieser Zeit interessierte, war die Schule. Freuen Sie sich, dass Ihr Kind das nun erleben darf. Nehmen sie es ernst, aber vermeiden Sie Stress. Dass die Liebe nicht fragt, ob es gerade passt, liegt in der Sache an sich. – Übrigens: Es gibt Schlimmeres!

„Müssen" ist mega out?

Auch kleine Kinder sollten Pflichten haben. Eltern werden ihren 5Jährigen nicht mit dem Meissner Porzellan hantieren lassen, er kann aber helfen, den Tisch zu decken. Auch für ihr Zimmer können Kinder in diesem Alter schon selbst verantwortlich sein.

Schulkinder lernen, ihre Hefte und Bücher am Abend für den nächsten Tag zu packen. Kinder müssen lernen, neben den Anweisungen ihrer Eltern auch denen ihrer Lehrer zu folgen. Ihnen muss bewusst werden, dass ihr Umgangston über Erfolg oder Misserfolg ihrer Anliegen entscheidet.

Was darf ein Kind? – Es darf alles, bis zu dem Moment, an dem es sich selbst oder andere gefährdet, bis dahin, wo die Achtung vor anderen Menschen oder fremden Sachen in Gefahr ist. Grenzen in der Erziehung kann man weit stecken. Wenn man diese Grenzen aber aus den Augen verliert, wird daraus „Laissez-Faire" und das hätte verheerende Folgen. Wenn ein Kind alles darf, wenn es tun und lassen kann, was ihm einfällt, folgt daraus oft eine unglaubliche Unzufriedenheit. Ein solches Kind könnte glauben, dass es seinen Eltern egal ist. Manches beginnt, diese zu provozieren und sich daneben zu benehmen, um sie aus der Reserve zu locken.

Kinder, die ihre Unzufriedenheit am Haustier auslassen, bekommen schnell die Quittung. Wenn die Katze sich wehrt, wenn der Hund vor Schmerz zuschnappt, ist gelernt: „Es reicht ihm!" Eltern sollten solchen Übergriffen ebenfalls richtig begegnen.

Was muss ein Kind? – Das Wort „muss" gehört nicht in Ihren Wortschatz? Müssen ist mega out? Ich mag auch nicht „müssen"! – Und doch gehört es zur Erziehung.

Einem Kind muss deutlich werden, dass es nicht das Maß aller Dinge ist, dass die Welt sich nicht um seinen Bauchnabel dreht und dass es die Belange und Ansichten anderer zu respektieren hat. Es muss auch lernen, Gefahren zu erkennen, wobei das Feld der Gefahren weit gesteckt ist. Konsequenzen seines Handelns zu erkennen, ist eine Frage der Erfahrung. Das berühmte „Wenn-Dann-Spiel" schafft Erkenntnisse, die sich ein prägen. Nun muss man nicht erst die Hand auf die Herdplatte legen, um zu verstehen, dass sie heiß ist. Man sollte einem Kind jedoch bei jeder Gelegenheit Ursache und Wirkung erklären.

Ein Kind wird vermutlich später nicht allein auf einer Insel, sondern eher in Gesellschaft anderer weilen. Eltern haben es in der Hand, ob aus ihm ein kompatibler und zufriedener Zeitgenosse wird oder ein Egozentriker, der schwer Zugang findet und wenig geschätzt wird.

16

Fratzebuch und Co.

„Guck mal!" (Selfi*) – „Wie süß." (Selfi) – „Wo bist du?"
– „Zu Hause." (Selfi) – „Wie findest du die Jeans?" (Sel-
fi Umkleidekabine) – „Geil". – Plong. Plong, Plong....Fünf gelbe aufrecht zeigende Daumen erscheinen. Richtige Menschen (?) verfolgen den öffentlichen
Chat und liken was ihnen gefällt. – „Wann kommt ihr
aus Malle zurück?" – „In vier Tagen." (Info für Einbre-
cher). „Morgen Date." – „Wer? – „Internet. Sieht süß
aus! Treff ihn das erste Mal." – „Wo?" – „Soll ihn ab-
holen." – „Zu Hause?" – „Klar, ich sag, ich bin bei
dir...." „OK, aber erzähl!" „Was machst du noch?" –
„Chillen."

Sie fragen sich, was dieser zusammenhanglose
Quatsch soll? Ich hoffe, Sie verzeihen mir, dass ich hier
einen Chat-Auszug zweier Teenies aus einem Sozialen
Netzwerk im Wortlaut widergebe. Was leider nicht nur
Jugendliche im Sekundentakt der gesamten Welt zumuten, erstaunt immer wieder. Völlig egoman und bauch-
nabelorientiert, auf nichts anderes fokussiert, als auf

das eigene Gepupse heißer Luft, leben viele unsere Kinder (und leider auch Erwachsene) nicht in der Realität, sondern überwiegend virtuell. Nimm ihnen das Handy oder den Computer weg und sie sind hilflos gelangweilt. Abgeschnitten vom Info-Streaming gerät mancher in Panik. Sie kennen das: Im Straßenbild zeigt sich heute jeder 2. mit einem Handy in der Hand. Das junge, festlich gekleidete Paar im Cafe, hat offenbar etwas zu feiern. Kerzen brennen auf dem Tisch, aber statt sich in die Augen zu sehen oder sich Nettes zu sagen, starren und tippen beide in ihre Smartphones. – Nun hat niemand etwas gegen soziale Vernetzung oder einen regen Online-Austausch. Auch die Möglichkeit, News jederzeit abrufen zu können, kommt unserer modernen Lebensweise entgegen. Die Relation zum wirklichen Leben muss allerdings stimmen. Aufklärung ist wichtig! Kinder und Jugendliche müssen von klein auf begreifen, dass die Infos, die sie von sich preisgeben, ausgenutzt werden können, dass sie sich womöglich sogar in Gefahr begeben. Der, mit dem man sich unbekannter Weise verabredet, kann ganz jemand anderer sein, als m

18

denkt. Erwachsene geben sich gern als Jugendliche aus, faken ihr Foto und erschleichen sich so das Vertrauen der Heranwachsenden. Fotos in verfänglichen Situationen oder ganz sexy in Unterwäsche, können einem später im Berufsleben im Wege stehen, denn sie bleiben im Netz abrufbar.

Wie man das ändern kann? – Auch wenn das nicht realistisch ist und vielleicht weltfremd kling, Kinder brauchen nur in Ausnahmesituationen ein Smartphone. Sie müssen sich allerdings damit auskennen. Ihr Alltag sollte jedoch aus Realbegegnungen, Aktivitäten und Sport bestehen. Gemeinsam auf die Skaterbahn, zum Fußballspielen in den Park, ins Kino oder Eis essen gehen,.. Obwohl klar ist, dass Eltern nicht alles kontrollieren können und müssen, sollten Sie sich von Beginn an darum kümmern, wie, wo und mit wem ihr Kind seine Freizeit verbringt. Begrenzen Sie die Zeit in der es mit dem Handy umgehen oder am PC sitzen darf. Klären sie es über die Gefahren des Internets auf. Regen Sie Aktivitäten nicht nur an, führen Sie ihren Nachwuchs an die

Gestaltung seines Alltag heran. Seien Sie ein gutes Vorbild. – Ihr Smartphone vibriert gerade in Ihrer Tasche? – Lassen Sie es stecken. Es läuft nicht weg. Nichts kann jetzt wichtiger sein, als dieses Buch hier zu lesen!

*selfi = Handyfoto von sich selbst

Ich weiß nicht, was ich werden soll..

Schon seit der fünften Klasse weiß Christian, dass er Finanzbeamter werden will. Er ist gut in Mathe und hat keinen Zweifel, dass das auch klappt. Kurz vor dem Abitur besteht er den Einstellungstest und erhält die Zusage für eine Duale Ausbildung. Neben der Lehre wird er ein Studium absolvieren und von Beginn an Geld verdienen. – So einfach kann das sein.

Bea hingegen weiß bis zum Schluss nicht, was sie werden möchte. Sie ist ein Multitalent. Handwerkliches liegt ihr genauso wie Sprachen oder Mathematik. Theoretisch hätte sie viele Möglichkeiten, was die Entscheidung nicht erleichtert. Mit ihrem guten Abi wählt sie schließlich ein Lehramt-Studium. Dass dieser Beruf zu denen gehört, die man nicht nur ausüben, sondern vor allem auch aushalten können muss, hat sie in einem Praktikum erfahren. Man kann ihr nur wünschen, dass sie für den Beruf der Lehrerin langfristig stark genug ist.

Norman besucht die Stadtteilschule und hat brauchbare Zensuren. Aber er ist noch unentschlossen. Deshalb entscheidet er sich für ein Freiwilliges Soziales Jahr. Das wird ihm Zeit und hoffentlich Aufschluss darüber geben, was er möchte oder auch nicht. Interessant ist, dass er nicht in den Sportverein gehen wird, wie seine Eltern annahmen, sondern in ein Hospiz.

Und wenn dir gar nichts einfällt? – Dann solltest du möglichst noch in unterschiedliche Sparten hinein-schnuppern. Vielleicht besteht die Möglichkeit, für ein berufsfindendes Kurz-Praktikum vom Unterricht befreit zu werden. Auch die Ferien kannst du nutzen oder aber nachmittags stundenweise jobben. Eine gute Quelle, um Berufe zu entdecken, die du vielleicht noch gar nicht auf dem Schirm hattest, ist das Berufsinformati-onszentrum. – Gute Bewerber sind eher selten gewor-den. Die meisten Ausbildungsbetriebe können ein Lied davon singen. Wenn du also nicht blöd bist, in Mathe aufgepasst und der deutschen Sprache in Wort und Schrift mächtig bist, stehen deine Chancen nicht schlecht, einen akzeptablen Ausbildungsplatz zu erhalten. Als Mädchen solltest du nicht nur nach „Frauenbe-rufen" suchen. Vielleicht bist du als KFZ-Mechatronikerin oder Schornsteinfegerin besser geeig-net. Schau in erster Linie darauf, was du gern tätest, nicht, wie der Job bezahlt wird. Unter diesem Aspekt könnten sich auch kreative Berufe wie Friseur, Gärtner oder Koch als interessant erweisen. Geh' nicht davon aus, dass du diesen ersten Beruf dein Leben lang ausü-ben wirst. Egal, wie du dich entscheidest, sei bereit, dich zu engagieren und dein Bestes zu geben. Denn eines sollte dir klar sein: Du musst essen.

In Badelatschen zum Bewerbungsgespräch

„Ist mir doch egal", meckert Ihr Sohn, als Sie ihm klar zu machen versuchen, dass seine Jeans im Used-Look, Risse und Löcher zieren das gute Stück, zum Vorstellungsgespräch nicht passend sind. „Ich trag, was ich will", hören Sie noch, bevor die Tür hinter ihm ins Schloss fällt. – Als er mit hängendem Kopf von seinem Termin in der Bank zurückkommt, verkneifen Sie sich das „Hättest du auf uns gehört!"

In wenigen Augenblicken beurteilen wir einen Menschen. Seine Sprache und seine Kleidung sind Signale für den ersten Eindruck. Die Fähigkeit, sich situationsgerecht zu kleiden, ist ein wichtiger Baustein zum Erfolg. Viele interessiert so etwas wie eine Kleiderordnung nicht. Sogar Lehrern mangelt es zuweilen an diesem Know-How, was man unschwer an ihrer Kleidung erkennen kann. Badelatschen, kurze Hosen und Muskleshirt ist durchaus nicht die passende Arbeitskleidung für Lehrer, auch nicht im Sommer.

Noch wichtiger sind Umgangsformen und Sprache. „Was geht?" ist eine wenig passende Begrüßung, wenn man sich beim Personalchef vorstellt. Und auf die Frage, ob man meint, dass das die richtige Ansprache sei, ist ein „Eih chill mal, Aller!" auch nicht das, was der Chef hören möchte.

Sprache und Etikette lernen Kinder von ihren Eltern. Sie sollten wissen, dass beides wichtige Grundlagen für den Erfolg im Leben eines Menschen sind. Ein–Wort Anweisungen reichen nicht aus, um die Sprachkompetenz eines Heranwachsenden zu fördern.

In der Schule sollten deshalb die Lehrer nicht müde werden, auf die Umgangsformen und auf gutes Deutsch ihrer Schüler zu achten. Auch „wie" man sich „wo" anzieht, kann Schule vermitteln, wenn das im Elternhaus nicht möglich ist. Der Bewerber um einen Ausbildungsplatz als Gas- und Wasserinstallateur wird nicht im Anzug mit Fliege zum Vorstellungtermin gehen. Die Schülerin, die sich in der Anwaltskanzlei vorstellt, wird das Piercing zuvor aus Nase und Zunge nehmen, auf die schwarzen Springerstiefel und die durchlöcherten Leggins verzichten und sich in Blazer und Hose zeigen.

Sie denken, das sei oberflächlich? Sie glauben, es gäbe Wichtigeres? – Richtig! Jeder weiß das und doch gibt es solche Regeln.

Jugendliche, die glauben, sie könnten bestimmen, wo es langgeht und die Welt habe sich um ihren Bauchnabel zu drehen, werden rasch erkennen, dass sie irren. Individuelle Entfaltung und persönliche Freiheit sind ein hohes Gut. Und doch: Wer die Regeln der Gesellschaft, in der er lebt, kennt und beherzigt, hat größere Chancen auf beruflichen wie privaten Erfolg.

Mama, du nervst!

„Wie war es denn heute in der Schule?" – „Läuft." „Was heißt das denn? Was gibt es Neues?"

„Nix." „Und was ist mit ...?" „Mama!!!"

Sie kennen das? – Immer wieder staunen Eltern bei Elternabenden darüber, dass sie eigentlich nichts mitbekommen vom Schulleben ihrer Kinder. „Berit erzählt ja nichts." „Unser Timo auch nicht." Besonders in der Pubertät verstummen Schüler. Sie sprudeln nicht mehr Neuigkeiten und Eindrücke heraus, wie noch in der Grundschulzeit.

Die meisten Eltern nehmen das hin, jedenfalls so lange, wie die Zensuren ihres Nachwuchses stimmen. Was man schwarz auf weiß hat, beruhigt und bestätigt ja wohl, dass alles in Ordnung ist. Erst wenn plötzlich eine Verschlechterung eintritt oder das Kind gar schulunlustig wird, wachen sie auf.

Eltern sollten deshalb den Kontakt zur Schule pflegen. Regelmäßige Gespräche mit Lehrkräften helfen Probleme zu erkennen und schaffen Klarheit darüber, was im Bereich des Unterrichts ansteht. Bitten Sie auch die Lehrkräfte, Sie sofort zu unterrichten, wenn sie Verhaltensauffälligkeiten bei Ihrem Kind bemerken. Erziehung geht nur, wenn Schule und Elternhaus zusammenwirken.

Als Eltern haben Sie ein Recht darauf, informiert zu werden. Lassen Sie sich nicht abwimmeln. Manche Lehrer teilen feste Sprechstunden mit und sind außerhalb dieser nicht zu sprechen. Was nützt aber eine Sprechzeit am Donnerstag um 16 Uhr, wenn mein Kind am Montag und am Dienstag mit blutender Nase nach Hause kommt. „Das war Toni." „Wie? Toni?" „Der schlägt mich – einfach so." „Sagt Frau M. nichts dazu?" „Die merkt das ja gar nicht." „Warum sagst du es ihr nicht?" „Ich kann doch nicht petzen gehen! Dann macht er es erst recht." Spätestens am nächsten Morgen lasse ich durch die Sekretärin anfragen, wann ich Frau M. noch an diesem Tag sprechen kann. Ich mache es dringend. Sollte kein Termin zustande kommen, scheue ich mich nicht, bei der Schulleitung vorzusprechen.

Im Falle körperlicher Übergriffe, wie hier beschrieben, würde ich mich auch noch am selben Tag an Toni und seine Eltern wenden. „Toni, wir müssen reden."

Wer die Abläufe in der Schule kennt, weiß, wie dicht der Terminkalender von Lehrkräften ist. Selbst die Pausen sind nur selten zur Erholung da. Meist stehen Gespräche oder Kurzkonferenzen an oder Kopien müssen gemacht werden, Glück, wenn am Kopierer nicht schon fünf andere warten. Dennoch: Das Lehramt ist kein „Job". Ein Lehrer hat die Verantwortung für seine Schüler. Deshalb darf es nicht vorkommen, dass Eltern monatelang auf Gesprächstermine vertröstet werden. Und Pubertät hin oder her, geben Sie sich nicht mit Sparaussagen ihres Kindes zufrieden. Nerven Sie, fragen Sie!

Mein Kind macht keine Hausaufgaben

„Wir haben nichts auf." – „Das kann doch nicht sein, dass ihr nie was auf habt!" – „Kannst ja im Aufgabenheft nachsehen." Tatsächlich! – Dieser Dialog kommt Ihnen bekannt vor? Natürlich haben Sie nach dem 2. Mal sofort die Klassenlehrkraft Ihres Kindes angerufen um zu erfahren, wie lernen ohne Hausaufgaben funktionieren kann. – Nicht? – Böser Fehler!

Manche Lehrkräfte neigen dazu, vorauszusetzen, dass Schüler wissen, dass sie zu Hause den Unterrichtsstoff nachbereiten und Neues auch lernen müssen. Zahlreiche Schüler, auch über das Grundschulalter hinaus, empfinden das anders, wenn Ihnen nicht explizit gesagt wird, was sie zum nächsten Termin abzuliefern haben. Erschwerend kann hinzukommen, dass ihnen gerade nicht danach ist und sie den Lernauftrag vertagen, meist auf immer.

Hilfreich ist grundsätzlich, wenn die Lehrkraft am Ende jeder Unterrichtsstunde darauf achtet, dass Schüler die Hausaufgaben in ein Heft eintragen. Eltern und Lehrer müssen zusammenarbeiten. Denn: Vertrauen ist gut, ... Schwierig wird es, wenn der liebe Nachwuchs sich querstellt. Vater und Mutter sollten sich einig sein. Kinder verstehen es großartig, ihre Eltern gegeneinander auszuspielen. – Aber dann geht es los. „Wir müssen reden, Kind."

Sie gliedern ein großes Blatt Papier in drei Teile. Überschrift des ersten in Blau „Was mich nervt", des zweiten in Rot „Was ich tun muss" und die dritte wird grün „Was ich mir für die Zukunft wünsche".

Eltern und Kind tragen nun in die erste Spalte ein, was sie stört oder sorgt. „5 in Englisch – nicht gelernt?" – „Lernen ist doof!" – „Kai hat ein neues Handy. Ich will auch eines." – „Wir machen uns Sorgen". „Ich will länger fernsehen"..

Die dritte Spalte füllt sich meist schnell. „Ich will Astronaut werden". – „Unser Sohn soll sich einen Beruf aussuchen können". – „Ich möchte einen 6er BMW fahren"...

Anschließend die spannende mittlere Spalte. Bevor sie gefüllt werden kann, klären Eltern und Kind Punkt für Punkt die Einträge der anderen Spalten. Sie werden zu einem „Wenn-Dann Ergebnis" kommen.

„Wer Astronaut werden will, muss gute Schulleistungen, vor allem auch in Englisch haben". In die rote Spalte kommt vor Astronaut ➜„Englisch lernen"⬅.

Den meisten Kindern leuchtet rasch ein, was gemeint ist. Ein solcher Plan kommt an die Kinderzimmertür. Von nun an wird die grüne Spalte zuerst ausgefüllt: „Montag Mathearbeit".

Gemeinsam entscheiden Sie, was dafür zu tun ist. Jedem steht frei, auch seine Sorgen in die Blaue zu schreiben. Bleiben Sie täglich im Gespräch!

Noch 8 Wochen bis Schuljahrsende! – Was reißt dich jetzt noch raus?

„Deine Leistungen in Bio sind glatt 5, das wird eng", bestätigt dir dein Lehrer. „Shit", denkst du und fragst dich, wie du wenige Wochen vor den Zeugniskonferenzen dein Schicksal noch umkrempeln kannst. Klar, du hast das ganze Schuljahr in Bio gechillt und genau gar nichts getan. Deine Testergebnisse waren der Beweis dafür. Auch mündlich hast du dich im Unterricht vornehm zurückgehalten.

Das Schriftliche zählt meist 40 %, die mündlichen Leistungen 60 %. Du rechnest hin und her. Es nützt nichts. Die 5 ist dir sicher.

„Könnte ich nicht noch ein Referat halten, um mich mündlich zu verbessern?" bietest du an. Du weißt, dass allein diese Frage eine Zumutung ist, für jemanden, der seinem Lehrer ein Schuljahr lang gezeigt hat, wie wenig ihn sein Unterricht interessiert. Aber: Die meisten Lehrer sind keine Unmenschen. Sie kennen diese Situation zur Genüge und haben wenig Interesse daran, Schüler scheitern zu sehen. Manche bieten sogar von sich aus Rettungsanker an.

Wenn du also in solch einer Zwangslage steckst, rate ich zu absoluter Ehrlichkeit. Bitte deinen Fachlehrer um einen Gesprächstermin. Zwischen Tür und Angel in der kleinen Pause wäre für dein Anliegen ungünstig, denn dann ist jeder in Eile und niemand hat den Nerv auf Entscheidungen. Bei diesem Gespräch backst du am besten ganz kleine Brötchen. Dass Lehrer auf Versprechen hin – „ich werde nächstes Jahr bestimmt ganz fleißig sein, ehrlich und versprochen!" – keine Vorschusslorbeeren verteilen, muss dir klar sein. Also gib zu, dass du geschlampt hast und in diesem Fach faul warst. Erfinde keine dümmlichen Ausreden, Lehrer sind meist nicht blöd. Bitte ganz einfach um eine Chance und versichere, dass du dich dieser würdig zeigen wirst. „Was kann ich jetzt noch tun, um nicht die 5 zu bekommen?" In der Regel wird dein Lehrer dir ein Thema geben, das dem Stoff des letzten Halbjahres entnommen ist. Er möchte schließlich, dass du das Versäumte lernst. Vielleicht darfst du einen Test schreiben oder eine Präsentation halten. Vielleicht kannst du auch themenergänzend etwas Neues erarbeiten und der Klasse vortragen. Dann hätten alle etwas davon, dass du noch rechtzeitig aufgewacht bist. – Sei dir aber klar, dass das nur einmal läuft!

Vielleicht weißt du es ja noch nicht: Es macht Sinn, zu lernen, was ansteht, auch wenn man einiges davon persönlich für höchst entbehrlich hält, auch wenn dieser Sinn nur darin liegt, die nächste Klassenarbeit mit Erfolg schreiben oder am Unterrichtsgespräch teilnehmen zu können, weil man weiß, worum es geht. Wer das akzeptiert, hat es leichter, die Zeit zu überstehen, bis er selbst entscheiden darf und kann, was gut für ihn ist – oder auch nicht.

Pubertät, Pubertät..!

„Womit haben wir das nur verdient?" fragen sich Eltern. Soviel Renitenz, soviel Widerwille, wer soll das aushalten? – Geben Sie nicht auf! Erklären Sie Ihrem pubertären Kind, warum Sie Dinge anders sehen müssen. Sie können sicher sein, auch wenn Ihr Sprössling sich noch so garstig und sperrig gibt, er braucht Ihre Zuwendung.

Die meisten Kinder finden ihre Eltern in diesen Jahren ätzend und doof. Die verstehen gar nichts, sind oberpeinlich und nerven nur. Plötzlich sind Väter und Mütter keine Vorbilder mehr, sondern ihre Kinder verlangen von ihnen, dass sie sich aus ihrem Leben raushalten.

Eltern kommen mit diesem Rauswurf aus dem Kinderzimmer nur schwer klar. Unglücklicherweise lassen sich manche zu Aussagen hinreißen, die sie selbst schon an ihren eigenen Eltern gehasst haben. „Solange du deine Füße unter unseren Tisch stellst...." – Bitte nicht!!!

Pubertärlinge wissen nicht, wie ihnen geschieht, wenn ihre Synapsen sich in dieser Phase völlig neu vernetzen und die Hormone verrückt spielen. Von Stimmungen gebeutelt, von Gefühlen hin- und hergerissen ist plötzlich alles irgendwie komisch, leider meist nicht ha-ha-komisch.

In der Pubertät suchen die Jugendlichen nach der eigenen Identität. Sie üben, sich von den Eltern zu lösen, die das Wissen um diese Umstände wenig tröstet. Gibt man den „Gebeutelten" den Auftrag, den Müll raus zu bringen, hört man ein ungeduldiges „Glei-i-ich". Natürlich passiert „gleich" gar nichts. Wagt man nach zwei Stunden nachzuhaken, kommt es meist geballter, nach dem Motto „Mama, du nervst!"

Dass Mama es dann nicht vor lauter Ärger selbst erledigt, sondern darauf besteht, dass der Spross den Müll versorgt, das kostet Kraft und Nerven. Denn wenn es nur der Müll wäre... Aber auch Suchende haben Pflichten. Auch Regeln einhalten gehört zum Erwachsenwerden. Denn Pubertät kann nicht der Freifahrt-

Schein für schlechtes Benehmen sein. - Oder sollen wir die Erziehung etwa für die paar Jahre aussetzen?

Darum tragen Sie als Eltern das sonderbare Verhalten Ihres pubertierenden Kindes mit Fassung. Versuchen Sie da zu sein, Hilfestellung anzubieten, wenn die gewünscht wird. Bemühen Sie sich um einen möglichst entspannten Ton. Wenn Sie erst ins Wespennest gepikst haben, braucht es garantiert länger, bis sich die Lage wieder beruhigt hat.

Pubertät hat viele Gesichter. Sie können sicher sein, dass Sie einige kennenlernen werden. Irgendwann ist das vorüber und alle Beteiligten wundern sich, warum sie soviel Stress hatten, wo man sich doch gut versteht und alles total easy läuft.

Rächtschraibunk – Kulturgut oder überflüssig?

Jahrzehnte waren Diktate verpönt, kreatives Schreiben en vogue. „Was möchtest du sagen? Schreib, wie du willst, sei kreativ!" Diktate wurden nicht mehr zensiert, denn man lernt dadurch nichts. – Lehrer, die sich über diesen Trend hinwegsetzten, mussten mit Schwierigkeiten rechnen und kämpfen. Deutlich erlebten es Geschwister, deren Lehrer bezüglich Rechtschreibung Lichtjahre voneinander entfernt waren. Leos Deutschlehrerin war eine Verfechterin des Kreativen Schreibens. Bloß die Kinder nicht einengen. Rechtschreibregeln? Unwichtig, das kommt später! Leo schrieb trotzdem ungern.

Umso mehr wunderten sich die „kreativen Schreiber", als plötzlich in Klasse 5 die von ihnen produzierte Lautschrift die Note der Klassenarbeit herunterzog. – Aber...? – Und das beschränkte sich nicht auf die Deutscharbeiten, sondern wirkte sich logischer Weise in jedem Fach aus. Die Motivation, richtig zu schreiben, hatten diese Schüler nie entwickelt. Wozu auch, wenn Leistung weder überprüft noch belohnt wurde?

Tinas Lehrerin diskutierte nicht über dieses Thema. Sie setzte sich über den Trend hinweg und Ihre Schüler schrieben jeden Tag ein Minidiktat. Sie übten Lesen und richtig zu schreiben, dass es krachte. Man lernt vielleicht nichts durch Diktate, aber dafür! Aufsätze schrieben sie auch, aber sie gaben Acht auf die Rechtschreibung. Bei Fehlerfreiheit gab es Sternchen, bunte Stempel oder sogar Gummibärchen. Die Folge? Während Leo, inzwischen fast 20, noch immer nicht rechtschreiben und nur mit Unterbrechungen lesen kann, womit er seinen Berufswunsch „Polizist" vergessen kann, wird Tina Journalistin.

Die Kompetenz, richtig schreiben und lesen zu können, kann man nur durch Kenntnis der Regeln und durch Übung erwerben. Übung, angeleitet durch Lehrer, die nicht nur die freie Entfaltung ihrer Schüler im Auge haben, sondern auch auf Kultur und Bildung Wert legen. Motivation sollte grundsätzlich vorhanden sein, weil es nur normal ist, dass man seine Muttersprache

(..und auch andere) beherrschen will. Richtig schreiben zu können sollte für uns alle ein Kulturgut sein. Eine Sprache zu lernen, heißt eben nicht nur, sie sprechen, sondern auch schreiben zu können.

Wie wichtig ist uns Deutsch, besonders unter dem Aspekt der Zuwanderung hunderttausender Menschen aus den verschiedenen Ecken dieser Welt? Hier ist nicht Babel. Also lasst es uns den Lernenden leicht machen, mit unverrückbaren Regeln. Wie unsere Kinder müssen sie ihren persönlichen Werkzeugkasten damit füllen. Dafür brauchen sie Verlässlichkeit. Auch, was die Regeln der deutschen Sprache angeht.

Was Eltern dürfen, ist nicht immer, was sie müssen

Was Eltern dürfen und müssen, überschneidet sich unter „Elterliche Sorge", einem Begriff, der erst seit 1980 besteht. Vorher sprach man von „Elterlicher Gewalt". Unter das Sorgerecht fällt alles, was die Lebensumstände eines Kindes und die Wahrnehmung aller für das Wohl des Kindes erforderlichen Rechtshandlungen betrifft.

Eltern müssen für das leibliche und seelische Wohl ihrer Kinder sorgen. Sie müssen es ausreichend und vernünftig ernähren und es kleiden. Sie bringen Ihrem Nachwuchs das Laufen und Sprechen, sowie die Regeln des gesellschaftlichen Zusammenlebens bei. Eltern sind der gesetzliche Vormund ihres Kindes und treffen sämtliche Entscheidungen, hoffentlich zu seinem Besten.

Sie als Eltern dürfen bestimmen, wie und wo ihr Kind aufwächst. Sein eigenes Aufenthaltsbestimmungsrecht kommt erst zur Sprache, wenn sich Eltern trennen oder das Kind volljährig ist. Ab 14 Jahren dürfen Kinder ihre Religion selbst bestimmen. Bis dahin entscheiden ihre

Eltern, in welchem Glauben sie erzogen werden. Erziehungsberechtigte bestimmen, welche Schule ihr Kind besucht. Wenn damit alles glatt läuft und Ihre Vorstellungen immer auf die Gegenliebe des Kindes stoßen, herzlichen Glückwunsch!

In Hamburg haben Eltern das Recht, ihre Kinder nach der Grundschule an der Schulform ihrer Wahl anzumelden. An die Empfehlung der Lehrer müssen sie sich nicht halten. So geschieht es immer wieder, dass Eltern das Gymnasium anwählen, obwohl die Schulempfehlung abrät.

Hier wird deutlich, dass das, was Eltern dürfen, manchmal nicht das ist, was richtig ist. Wobei es von Fall zu Fall jedoch sogar notwendig sein kann, sich der Schulempfehlung zu widersetzen.

Haben Sie als Erziehende bitte immer in erster Linie das Wohl Ihres Kindes im Auge, auch wenn das bedeutet, dass Sie das, was Sie dürfen, nicht in Anspruch nehmen.

Manche Eltern verkennen die Realität und bedenken nicht, was Scheitern für ein Kind bedeutet. Fragen Sie sich bitte, ob Ihre Schulwahl nicht aus persönlicher Eitelkeit erfolgt. Kann es sein, dass Sie gern für Ihr Kind das erreichen möchten, was Ihnen selbst versagt wurde? Wollen Sie in Ihrer Familie oder im Bekanntenkreis etwas gelten? Gibt es andere Gründe, die für Sie persönlich wichtig sind – aber wenn Sie ehrlich sind, nicht für Ihr Kind?

Eltern sollten wichtige Entscheidungen mit ihren Kindern besprechen und ihre Meinung ernst nehmen. Kinder hingegen sollten auf ihre Eltern vertrauen können und deren Urteil akzeptieren lernen. Vor dem, was einer muss und was einer darf, steht immer das Wohl des Kindes.

Wenn die Chemie nicht stimmt..

„Wenn ich Sie nicht getroffen hätte.." –

Häufig bestimmt der Zufall unser Leben. Schüler, die solche „Schicksalsweichen" erkennen und annehmen können, profitieren davon. – Marla war in der Schule als Aufrührerin und rotzfreche Göre mit unterirdischen Leistungen verschrien. Ein permanenter Störfaktor mit Dominoeffekt. Die meisten Lehrkräfte waren dieser distanzlos frechen Dreizehnjährigen nicht gewachsen. Als Marla die letzte Chance in einer 8. Klasse bekam, versuchte sie wie gewohnt, ihre bekannte Nummer abzuziehen. Hier biss sie allerdings auf Granit. Eine intakte Klassengemeinschaft und eine Lehrkraft, verständnisvoll aber hammerhart, wirkten wie eine Wand und waren für das Mädchen eine völlig neue Erfahrung. Die deutliche Ansage der Lehrkraft „Du bekommst hier jede Hilfe, aber du fliegst, wenn du Mist" baust, saß. Marla hasste ihre Situation, die Mitschüler und vor allem diese

Lehrkraft, von der sie bisher nur gehört hatte. Und dann – kriegte sie sich ein. Sie begriff ihre Chance. Die Klasse wählte sie sogar zur Klassensprecherin und Marla setzte sich plötzlich für andere ein, eine Erfahrung, die ihr gefiel. Sie machte zwei Jahre später einen guten Abschluss und erhielt bei der Zeugnisfeier eine Auszeichnung der Schulleitung für besonders soziales Verhalten.

Ihr Sohn hat Probleme mit seinem Mathelehrer? Er glaubt, dass der ihn nicht leiden kann? Ihre Tochter mag ihre Deutschlehrerin nicht. Die ist ungerecht, sagt sie? Ihr Kind wird in seiner Klasse gemobbt und der Lehrer sieht es nicht? – Solche Probleme muss man genau besehen und analysieren. Sollte seitens der Lehrer tatsächlich unprofessionelles Verhalten vorliegen, muss das offen angesprochen werden. Am besten bittet man einen Moderator wie die Verbindungs- oder Beratungslehrkraft dazu. Durch eine Befragung von Mitschülern kann sich jedoch auch herausstellen, dass die Schüleranklagen aus rein subjektiven Eindrücken resultieren, womöglich Schutzbehauptungen sind und ganz simpel der eigenen Entlastung dienen sollen.

Eltern müssen deshalb genau hinschauen, wenn ihre Kinder Lehrer oder die Schule anklagen. Neben situationsabhängigen Problemen, die sich klären lassen, kommt es durchaus vor, dass die Chemie überhaupt nicht stimmt. Dann braucht es grundlegende Lösungen bis hin zum Klassen- oder sogar Schulwechsel.

Wie kriegt ein Kind zum Schulhalbjahr die Kurve?

Jetzt im entscheidenden zweiten Schulhalbjahr geht es um das Erreichen des Klassenzieles, die Empfehlung für die weiterführende Schule oder den Schulabschluss.

Ihr Kind erreicht in der Schule nicht die gewünschten Ergebnisse? Gezielter Nachhilfeunterricht könnte helfen, sofern es sich um Fehlzeiten-bedingte Wissenslücken handelt.

Wenn ein Kind jedoch permanent Schwierigkeiten hat, dem Unterricht zu folgen und das Gelernte umzusetzen, stellt sich die entscheidende Frage, ob nicht ein anderes Problem vorliegt oder dieses Kind womöglich zu diesem Zeitpunkt die falsche Schule besucht. Dann wäre meiner Meinung nach intensives Lerncoaching hilfreich.

Nachhilfeinstitute findet man heute durch Internet, Kleinanzeigen, TV oder Mundpropaganda in jedem Ort. Unterschiedlich hohe Honorare sagen hier nichts über die Qualität der Betreuung aus: Nicht, was besonders teuer ist, muss auch besonders gut sein. Werden bis zu acht Schüler gemeinsam betreut, könnte das individuelle Lernproblem ihres Kindes untergehen und die Nachhilfe zur Hausaufgabenhilfe mutieren. Nur im Einzelunterricht erkennt ein guter Lehrer das Lernproblem seines Schülers und sucht mit ihm Wege, dieses zu lösen. Auch für schwierige Probanden (z.b. ADHS) schafft er die passende Lernatmosphäre und interessante Aufgabenstellungen, um sie trotz ihrer Schwäche voranzubringen.

Ein Lerncoaching ist die intensivste Betreuung, die Sie Ihrem Kind anbieten können. Hier wird seine Lebens- und Lernsituation analysiert. Der Trainer hilft Konflikte zu entwirren und entwickelt gemeinsam mit dem Kind Strategien, die ihm helfen können, seine Haltung zu ändern und seine Lernsituation zu verbessern.

Sollte sich jedoch herausstellen, dass das alles nichts nützt, quälen Sie Ihr Kind nicht. Wenn es um den Abschluss geht oder um die Empfehlung zur weiterführenden Schule, stärken Sie es in seinen momentanen Möglichkeiten mit dem sicheren Wissen „Viele Wege führen nach Rom." Geht es um den Verbleib auf dem Gymna sium, entlasten Sie Ihren Nachwuchs durch den Wechsel auf eine Schule, die momentan besser zu ihm passt. Besonders bei Jungen gibt es während der Pubertät häufig so etwas wie „Entwicklungsstau". Ich vergleiche dieses Phänomen gern mit einer Rohrverstopfung, die sich durch die Gabe von Chemie schlagartig auflöst und es fließt, wie es muss. Immer wieder haben Jungen mit nur mittelprächtigen Leistungen sich in Klasse 8 ganz plötzlich entfaltet und später ein gutes Abitur oder einen sehr guten anderen Abschluss gemacht.

Tauschen wir?

Max, was hast du drauf? Wollen wir tauschen? – Meist hat es geklappt, mit Max das Schulbrot zu tauschen, denn Ihre Mutter gab regelmäßig Wurst und Käse mit – das macht kräftig, mein Junge – die Sie liebend gern gegen die leckeren, süßen Marmelade-Brote hergaben. Oft bekam noch Ingo davon ab, dessen Mutter zu bequem war, morgens aufzustehen. Wenn das Kindermädchen nicht rechtzeitig aus den Federn kam, ging er eben hungrig durch den Vormittag.

„Schulbrot", das ist etwas Vertrautes, Verlässliches und heutzutage genauso wichtig wie damals. Leider bekommt nicht jedes Kind Essen von zu Hause mit. So manchem Schüler werden morgens ein paar Euro zugesteckt – kauf dir was in der Cafeteria. Und dann kommt es sehr darauf an, wie dieselbe sortiert ist. Und wenn er wählen kann, nimmt ein Schüler dann auch das „Gesunde"? Kennen Sie viele Kinder, die Vollkorn Süßem vorziehen? – Ich will hier nicht den Gesundheitsapostel raushängen lassen. Dennoch möchte ich Sie gern dafür sensibilisieren, das Pausenbrot Ihres Kindes in Ruhe und mit Bedacht zusammenzustellen. Lassen Sie es lecker aussehen, mischen Sie Gesundes mit anderem. Obst und Gemüse gehören immer dazu. Wenn dann ab und zu noch ein Bonbon oder ein Stück Schokolade obenauf liegt, wird Ihr Kind sich garantiert auf sein Pausenbrot freuen. – Ich höre Ihre Einwände! – Keine Zeit, früh in den Dienst, auch noch anderes zu tun, ... – Die gelten nicht. Man kann schon am Vorabend alles richten, denn in einer Plastikdose bleibt es frisch.

Die Ernährung unserer Kinder sollte uns einige Umstände Wert sein. Es geht ja nicht nur ums Pausenbrot. Viele Kinder kommen morgens ohne gefrühstückt zu haben in den Unterricht. Der Körper braucht Nahrung als Energiequelle, wie Ihr Auto Benzin. Wer nichts gegessen hat, kann auch nicht optimal denken. Manche Schüler dämmern die ersten beiden Stunden müde vor sich hin, bis sie in der Pause dann endlich etwas essen. – Auf Nachfrage kommt meist die schnelle Antwort – hab morgens keinen Hunger. Oft müssten diese Kinder allein frühstücken, weil die Eltern entweder nicht so früh aufstehen oder schon zur Arbeit sind. Wenn Sie es nicht anders einrichten können, decken Sie Ihrem Kind den Tisch, so dass es Lust hat, sich hinzusetzen und zu essen. Von klein an sollten Sie jede Gelegenheit zu gemeinsamen Mahlzeiten nutzen. Das gehört nicht nur zum Familienleben, Sie erfahren bei dieser Gelegenheit auch Dinge, die ohne dieses Zusammensitzen an ihnen vorbeigegangen wären. – Ja, wussten Sie denn nicht, dass Max...? – Äh – nein... – Gar nicht gut!

Schon wieder Ferien?

Sommerferien? – Ihr habt schon wieder Ferien? Das kann ja bald nicht angehen! Dauernd sind Ferien und die Lehrer müssen trotzdem bezahlt werden. Kein Wunder, dass der Staat rote Zahlen schreibt. – So kann nur jemand reden, der weder Lehrer noch Schüler ist. Spätestens nach 8-9 Schulwochen, sind Menschen, die in die Schule gehen oder dort arbeiten, ferienreif. Dann werden sie unruhig, die Luft ist raus. Das Gerücht, dass Lehrer 12 Wochen Ferien/Jahr haben, ist wirklich nur ein Gerücht. Lehrer haben Urlaubstage, wie jeder Arbeitnehmer und dazu unterrichtsfreie Zeit. Die ist keine Freizeit in dem Sinne, denn währenddessen bereitet ein Lehrer Unterricht vor, plant neue Unterrichtseinheiten, korrigiert Klausuren oder Prüfungsarbeiten, schreibt Zeugnisse, pflegt den Kontakt mit Behörden und Ämtern. Sollte es nötig sein, kann der Staat seine Beamten, also auch Lehrer, in dieser unterrichtsfreien Zeit zu allgemeinnützlichen Aufgaben verpflichten.

Ferien sind wichtig für jedermann, nicht nur für „Schularbeiter". Warum? Weil dann Zeit ist, für einen anderen Rhythmus, für neue Erfahrungen und für Erholung. Lehrer sind bei ihrer Arbeit einer besonderen Lärmbelastung ausgesetzt. Aufgrund mangelhaft gedämpfter Räume herrscht in vielen Klassenzimmern eine durchschnittliche Lautstärke von 65 Dezibel: Ab diesem Wert steigt das Herzinfarktrisiko bei permanenter Beschallung an, so der Rat für Umwelt der Europäischen Union. So kommt die „Ruhe" der unterrichtsfreien Zeit gerade recht. Ein Lehrer, der nichts zu erzählen hat, ist fad. Daher ist es auch für Schüler gut, wenn ihre Lehrer hin- und wieder in den Urlaub fahren, denn dann haben sie Neues zu berichten. Auch Schülern tut es gut, ausschlafen zu können und ihre Tage anders einteilen zu können. Sie müssen Kräfte sammeln, für die nächste Unterrichtssequenz. Lassen Sie ihren Kindern die Ferien und zwingen Sie sie nur in Ausnahmefällen oder zum Ende hin, für die Schule zu lernen. Auch Schüler brauchen Abwechslung und Ruhezeiten. Außerdem lernen Kinder und Jugendliche am besten rechtzeitig, ohne

Geräuschkulisse auszukommen. – Optimal ist es, wenn Eltern es einrichten können, 1 – 2 Wochen mit ihren Kindern zusammen Ferien zu machen. Da muss man nicht weit verreisen, das muss gar nicht teuer werden. „Zusammen" ist das Zauberwort und das geht auch im Heimatland, dem Wohnort, dem Dorf. Zeit füreinander zu haben, ist für manche Familien Luxus und nur schwer einzurichten. Es ist jedoch immer eine Frage der Priorität. Die Zeit mit ihren Kindern sollte Ihnen die wichtigste sein. Nutzen Sie also gemeinsame Ferien, um ihren Kindern nahe zu sein und zusammen Dinge zu erleben, für die während der Unterrichtszeit kein Platz ist. – Und ich kann Sie beruhigen: Der Staat ist nicht wegen der Lehrergehälter pleite. So üppig ist der Loh für das Unterrichten Ihrer Kinder denn auch nicht.

Miss Kitty und Batman kommen in die Schule

Auch wenn Ihr Kind schon die Vorschule besucht hat, sollten sie ihm den Meilenstein „Einschulung" mit allem Drum und Dran gönnen. Es ist nun ein Schulkind, gehört also von jetzt an zu den Großen. Das ist enorm wichtig! Abgesehen davon, dass sich für Sie nun der Tagesablauf ändert, gibt es schon vor Schulbeginn einiges zu bedenken. Jetzt vor den Sommerferien können Sie sich bereits über den richtigen Schulranzen informieren. Welcher passt zu ihrem Kind? Es gibt in Deutschland Din Normen für Größe, Gewicht und Sicherheit. Sparen Sie hier nicht, gehen Sie in ein Fachgeschäft, wo Sie gut beraten werden. Breite Gurte, sichere Verschlüsse, fester Rücken, wenig Eigengewicht, alles wichtig! Für ihr Kind natürlich nicht, ihm geht es primär um das Design. Klar. Und der Ranzen muss wirklich gefallen, denn er soll ja mindestens vier Jahre täglich mit in die Schule gehen. – Zur Einschulung ist für jedes Kind die Schultüte eine spannende Sache. Womit sie verziert ist, richtet sich nach dem Geschmack des Kindes. Einem Miss-Kitty Fan werden Sie keine Bärchen zumuten. Kaufen oder selber machen? Das Angebot ist riesig. Leider auch die meisten gekauften Tüten. Bis zu 100 cm Länge wollen gefüllt werden. Das kann schwer werden, so dass Ihr Kind das Monstrum nicht lange tragen kann. Sollte es aber, denn Mutti wird ja nicht eingeschult. Wie lässt sich das regeln? Anders als zu Beginn des 19. Jahrhunderts, als die Schultüten zur Versüßung des Schulanfangs erfunden wurden, werden Sie nicht nur Süßes hineingeben, sondern auch kleine Geschenke, die für den Schulalltag nützlich sind. Von diesen kleinen Gaben können Sie Abbildungen hineintun und die Gegenstände selbst zu Hause übergeben. Das spart Gewicht. Füllen Sie bitte auch kein Obst hinein, das nimmt gemein viel Platz ein und bekommt der Tüte schlecht. – Schon vor den Ferien wird auch der erste Elternabend stattfinden. Hier erfahren Sie, welche Anschaffungen anstehen: Hefte, Stifte, Umschläge. Sportzeug... Erfragen Sie, was Sie wissen müssen. Gibt es ein Mittagessen und Nachmittgasbetreuung oder ist die

Schule um 13 Uhr beendet? Wenn Sie berufstätig sind, ist das wichtig für Ihre Planung. Wenn Sie dann zwei Stunden später kreuzlahm vom Sitzen auf den Kinderstühlen im Klassenraum wieder aufstehen, bedenken Sie, dass jetzt ein neuer Zeitabschnitt beginnt. Schulzeit. Machen Sie ihrem Nachwuchs klar, dass er selbst für sein Lernen verantwortlich ist. Unterstützen Sie, fordern und fördern Sie. Es hängt auch von Ihnen ab, wie erfolgreich die Schulzeit verläuft und abgeschlossen wird. – Und: Herzlichen Glückwunsch! Bis hierher haben Sie es schon geschafft. Nun liegen nur noch 10 – 13 Schuljahre vor Ihnen.

Es gibt mehr, als What'sappen!

Können Sie sich vorstellen, dass es Kinder in Hamburg gibt, die noch nie die Elbe gesehen haben? Die Alster? Die Harburger Berge? Das Heuckenlock? Die Bunthäuser Spitze? Den Stadtpark? Den Energieberg in Georgswerder? Den Kiekeberg? – Wie kommt das? –

„Was für ein Baum ist das?" frage ich. „Eben ein Baum, wieso?" „Und diese Blume dort. Kennst du ihren Namen?" „Ne. Is mir auch egal." Und sie spielt mit ihrem Handy. Ein anderes Mal lasse ich sie in verschiedene Kästchen hineinschnuppern. „Wonach riecht das?" „Hää?" – „Schließ deine Augen und spüre genau hin. Womit berühre ich deinen Arm?" „Wie soll ich das wissen, wenn ich die Augen zu habe?" – Fragen Sie sich gerade, was mit mir los ist? Was all diese Experimente sollen? Worauf ich hinaus will?

Ich möchte Ihnen als Eltern gern die Schuld an den oben genannten Antworten geben und Sie in die Pflicht nehmen. Kinder sollten die Welt, in der sie leben wahrnehmen und kennen. Sie sollten daran interessiert sein, zu verstehen, wie alles zusammenhängt. Wenn ich diese Antworten höre, frage ich mich, ob Sie vielleicht die Neugier und den natürlichen Wissensdrang Ihrer kleinen Kinder nicht bemerkt haben.... Aber es ist nicht zu spät. Wir haben fünf Sinne. Wir können riechen, hören, sehen, schmecken und fühlen. Auch wenn Ihre Kinder Sie jetzt wahrscheinlich erst einmal für total bekloppt halten, gehen Sie mit ihnen in den Wald. Riechen Sie an Kräutern, an dem Boden im Nadelwald. Den süßen Duft nach Moder oder den würzigen Duft des Bärlauchs vergisst man nicht wieder. Beobachten Sie den Hirschkäfer, wie er gemütlich über Ästchen klettert. Lauschen Sie den Geräuschen. Vielleicht hämmert ein Specht, ein Eichhörnchen keckert oder es singt eine Drossel. Wenn Sie es schaffen, klettern Sie ganz früh morgens mit Ihren Kindern auf einen Hochsitz. Erklären Sie, dass es vielleicht etwas Wunderschönes zu sehen gibt, wenn sie ganz still sind. Wenn dann wirklich Rehe auf der Lichtung erscheinen, wenn womöglich eine Rotte Wildschweine vorüber eilt, die Schwänze steil in die Höhe gereckt, werden ihre Kinder das nie vergessen.

61

Sammeln Sie mit Ihren Kindern Blätter verschiedener Bäume oder auch Wiesenpflanzen. Im Internet finden Sie sie und können sie bestimmen. Meinen Sie nicht auch, dass man wissen sollte, wie eine Buche, Eiche oder Linde aussieht? Es kann sogar nützlich sein, zu wissen, dass man aus Salbeiblättern Tee gegen Halsschmerzen und aus Kamillenblüten einen Sud gegen Entzündungen machen kann.– Oh, wie weltfremd, die Frau! Jetzt kommt auch noch der erhobene Zeigefinger! Einmal Lehrerin, immer... Nein, ganz im Ernst. Wahrnehmen, spüren, leben, das müssen Sie Ihren Kindern beibringen. Nehmen Sie sich dafür Zeit. – Jetzt bitte!

Was ist „Dimmokratie"?

„Mama, was ist das – Dimmokratie?" Lea ist sechs. Sie kann nicht wissen, dass dieses schwierige Wort, das sie aufgeschnappt hat, „Demokratie" heißt und soviel wie „Herrschaft des Staatsvolkes" bedeutet. „Das heißt, dass das Volk, also die erwachsenen Menschen in unserem Land, bestimmen dürfen, was hier geschieht. Dazu wählen sie Abgeordnete, die ihre Meinung in der Regierung vertreten. Demokratie heißt auch, dass das gemacht wird, was die Mehrheit der Leute möchte."

„Das ist so ähnlich wie bei uns zu Hause!" mault Lea. „Ich wollte so gern nach Disneyland, aber Papa und du habt beschlossen, dass wir ans Meer fahren." „Ja", bestätige ich, Papa und ich waren die Mehrheit, die nicht nach Disneyland wollte. Du warst unterlegen. Deshalb fahren wir nach Sylt." „Ja, aber gestern Abend beim Fernsehen haben wir beide gegen Papa gewonnen. Er durfte aber unseren Film mitgucken."

„Weißt du, Lea, Demokratie heißt auch, dass hier jeder sagen darf, was er denkt. Die Zeitung darf alles schreiben, was sie die Leser wissen lassen will und im Fernsehen dürfen Berichte über jedes Thema gezeigt werden, ohne, dass das jemand verbieten kann."– Ein Kind versteht, was man sie ihm richtig erklärt. Darum nutzen Sie bitte jede Gelegenheit, schon Ihren kleinen Kindern zu zeigen, dass es sich lohnt, eine eigene Meinung zu haben und diese auch zu sagen. Tun Sie diese nicht ab, weil das schneller geht und vielleicht auf den ersten Blick bequemer ist. Die Kinder sind unsere Zukunft. Sie müssen mit Toleranz und Achtung unserer Demokratie unbeirrt fortführen können. Sie müssen wissen, was die Freiheit bedeutet, die wir hier haben. –

Lea kommt aufgeregt und mit hochrotem Kopf vom Spielplatz zurück. „Ali hat gesagt, dass ich beim Fußball nicht mitspielen darf. Er meint, das ist nur für Jungs." „Was sagen denn die anderen dazu?" „Die haben alle Angst vor Ali, weil der so stark ist. Aber dann haben sie mich doch gewählt", erklärt Lea stolz. „Wie das denn?" will ich wissen. „Ich hab gesagt, dass die Mehrheit bestimmt, wer mitspielen darf und dass Ali ja nicht mitmachen muss, wenn ihm das nicht passt." „Und was hat Ali dazu gesagt?" „Der war wütend und wollte mich hauen. Aber da hat Max sich getraut und ihm gesagt, dass ich gut Fußball spielen kann und dass deshalb abgestimmt werden soll, ob ich mitmachen darf. Und stell dir vor, alle Jungs wollten, dass ich mitspiele! Ali war zwar sauer, aber weil er auch spielen wollte, hat er sich dreingefunden. – Als ich ihm gesagt hab, dass das Dimmokratie ist, hat er was ganz Schlimmes zu mir gesagt."

Lea ist sechs. Übrigens: Man kann nicht früh genug anfangen, seinen Kindern die Regeln der Demokratie zu erklären und sie danach zu erziehen. Schon um Ali klar zu machen, wie der Hase hier läuft.

Wunschplatz

Wer mit wem? Kenne ich hier jemanden? Wohin? Unsicherheit, wenn man neu ist. Sie kennen das. Immer, wenn es uns selbst überlassen ist, wo wir Platz nehmen, ist da dieses Zögern. – Ist das auch ein guter Platz? Möchte ich neben dieser Person sitzen? Vielleicht zieht es da? Kann ich von dort auch sehen?....Neulich, im Theater, hatten wir mittlere Plätze im Parkett gebucht. Es war also klar, dass wir dort nicht allein sitzen würden. Und doch stand uns plötzlich ein P im Gesicht, als sich vom Eingang her eine Person näherte, die geschätzte 150 Kg ihr eigen nennen konnte. Wir schauten uns an und unkten „ne, dann geh'n wir!", noch in der Hoffnung, dass dieser Kelch an uns vorübergehen möge. Aber es kam genau so. Die übergewichtige Dame zwängte sich durch unsere Reihe und – nein – sie blieb nicht bei Platz 5 oder 6, sie strebte genau den anschließenden Sessel an. Es traf meinen Mann. Ängstlich bog er sich zu mir herüber, als sie sich schwer atmend in den Sitz fallen ließ. Die Reihe erbebte. Sie lächelte freundlich und entschuldigte sich. – Wofür? – Die Dame ragte über ihren Sitz hinaus, Schulter und Arm belegten den Platz meines Mannes. Ihre Oberschenkel nahmen den gesamten Raum zur Vorderreihe ein. Ich fragte mich nur, wie sie dort wieder herauskommen wollte und als nächstes, wie ich die Rückenprobleme meines Angetrauten wieder hinbekommen sollte, die er notgedrungen durch die Dauer-Beugung nach rechts davontragen würde. Wir hatten großes Glück. Es war ein kurzes Stück.

Eben solche Sitzprobleme gibt es in jeder Schulklasse. „Neben Peter will ich nicht, der stinkt." „Kann ich neben Ali? Der ist mein Freund." „Beate ärgert mich immer, da will ich nicht." Nun haben Pädagogen ihre ganz besonderen Belange, was die Sitzordnung angeht. Da soll z.B. das Sozialverhalten trainiert werden, Ayse hilft Bettina, deshalb sitzen sie zusammen. Ali und Arda kaspern dauernd miteinander, deshalb werden sie getrennt. Julia sieht schlecht und muss nach vorn... Wenn Ihr Kind ernste Gründe hat, warum es da und nicht dort sitzen möchte, müssen Sie sich einmischen. Machen Sie einen Termin mit der Klassenlehrkraft und tragen sie Ihre Belange vor. Dass Friedel übergewichtig ist, gilt übrigens nicht als Grund. Manche Schüler lassen sich während des Unterrichts sehr ablenken und versäumen so das, was sie aufnehmen sollten. Auch bei Klassenarbeiten brauchen sie besondere Ruhe. Fragen Sie an, ob Ihr Kind bei Klausuren im Gruppenraum oder auch vorn am Lehrerpult sitzen darf, wenn es sonst nicht zu den gewünschten Ergebnissen kommt. Nun kann nicht jeder Schüler am Pult sitzen und es bringt auch nichts, wenn sich alle im Gruppenraum versammeln, aber in Einzelfällen geht das immer und es lohnt sich zu fragen. – Übrigens: Ich habe nichts gegen Dicke.

So viel anders sind die nicht..

„Kann Samira morgen zu uns zum Spielen kommen?"
bittet Lea ihre Mutter. „Wer ist das denn?" will die wissen. „Den Namen habe ich ja noch nie gehört." „Samira
ist neu in meiner Klasse und in meiner Judogruppe ist
sie auch." „Aha. Natürlich kannst du sie zu uns einladen. – Was machen denn ihre Eltern?" „Ihr Vater geht
jeden Tag in einen Sprachkurs und ihre Mutter ist zu
Hause bei Jamal. Der ist noch ein Baby. Ihre Schwester
Mina ist drei und geht in den Kindergarten." „Und was
arbeitet der Vater?" „Der muss erst gut Deutsch lernen,
bevor er arbeiten kann." Lea geht demnächst in die
zweite Klasse und weiß gut Bescheid. Offenbar hat sie
sich schon länger mit Samira beschäftigt. „Woher
kommt denn Samira?" will die Mutter wissen. „Die
kommt aus Syrien. Weißt du, das ist ganz weit weg.
Und da ist Krieg. Und Samiras Familie ist katholisch.
Deshalb mussten sie da weg." „Und warum möchtest du
Samira einladen?" „Weil die ganz nett ist, und lustig
und schlau ist sie auch." Die Mutter ist gespannt, was

aus dieser Idee wird. Schon am nächsten Tag lernt sie das syrische Mädchen kennen – und ist erstaunt. Von ihrer Tochter weiß sie, dass die Familie erst seit ½ Jahr in Deutschland ist. Samira spricht Deutsch in ganzen Sätzen. Nicht zu glauben! Bald erfolgt die Gegeneinladung. Lea geht zum Spielen zu Samira. „Soll ich dich fahren?" bietet die Mutter an. „Ne, nicht nötig", meint Lea. „Die wohnt gleich um die Ecke." Das interessiert ihre Mutter „Wo denn?" „Du kennst doch die große weiße Villa ? Da haben sie Wohnung ganz oben." Das findet Leas Mutter spannend. Sie kennt die Leute, denen das Objekt gehört. Interessant, dass sie an Flüchtlinge vermietet haben... Das ist der richtige Weg, denkt sie. So geht Integration am besten, wenn man die Zugereisten in die Mitte nimmt, statt sie in Massenunterkünften zu isolieren. So können sie sich orientieren, erfahren, was uns hier wichtig ist. Man stelle sich vor, man müsste plötzlich selbst mit nichts woanders neu beginnen. Nicht auszudenken! Wie dankbar wäre man für jemanden, der einem Tipps gibt und einen vielleicht an die Hand nimmt, was Behördengänge, Arztbesuche, etc. angeht.

Begeistert kommt Lea von ihrem Besuch zurück. „Wir haben Tee getrunken und Baklava gegessen, das ist mit ganz vielen Nüssen und super süß." Kinderfreundschaften sind oft Strohfeuer. Darum wartet die Mutter erst einmal ab. Als Lea und Samira aber weiterhin unzertrennlich sind, lädt sie die ganze Familie zum Grillen ein. Es wird ein lustiger, überaus interessanter Nachmittag. „So viel anders als wir sind die nicht", hat die Mutter den Eindruck. Übrigens: Samiras Eltern sind der Ansicht, dass man sich anpassen muss, wenn man die Gastfreundschaft eines fremden Landes in Anspruch nimmt und dass die, die die Regeln und Gesetze in Deutschland nicht achten in ihre Heimat zurückgeschickt werden sollten. – Tja. So viel anders..

Tradition und unvergessene Momente

Über den passenden Schulranzen haben wir uns informiert, die Schultüte wartet im Schrank auf ihren Ein-
satz. Aber was ist mit der Einschulung selbst? Wie geht
das vor sich? Was müssen Eltern wissen? Was sollten
sie bedenken?

Diese Feier bedeutet für ihr Kind viel. Es trifft die
Mitschüler, die es nun vier Jahre lang ertragen muss. Es
lernt die Klassenlehrkraft kennen, von der es abhängt,
ob diese vier Jahre top oder flop werden. Zur Einschulung sollten Sie sich Urlaub nehmen und sich wie auch
Oma, die bestimmt gern mitgehen will, etwas Festliches
anziehen. Auch für das Kind ist ein neues Kleid, eine
neue Hose und Schuhe ein Zeichen dafür, dass an diesem Tag etwas ganz Besonderes geschieht. Gehen Sie
rechtzeitig in die Schule, vielleicht eine halbe Stunde
vor Beginn der Veranstaltung. Für Ihr Kind wäre es
Stress, wenn es zu spät käme. Meist beginnt dieser Tag
mit einer kleinen Feier, in manchen Gegenden geht der
Besuch eines Gottesdienstes voraus. Nach diesem Auf-

takt, gehen die Kinder in ihre Klassenräume. Die Eltern werden dann gebeten, in der Cafeteria oder Pausenhalle bei Kaffee und Kuchen zu warten. Was in dieser Zeit geschieht? >Man lernt sich kennen<. Genaueres lassen Sie sich im Anschluss von Ihrem Kind erzählen. Wenn die Schulfeier zu Ende ist, sollten Sie mit der Familie etwas Besonderes unternehmen. Dieser Tag muss ganz dem Kind gehören. Es ist die Hauptperson. Ein gemeinsames Essen mit seinem Lieblingsgericht, ein Ausflug in den Zoo, eine Bootsfahrt auf dem See, ein Waldspaziergang mit Picknick, ... Ihnen wird etwas einfallen, das Ihrem Kind den Tag unvergesslich macht. Wir brauchen Traditionen in unserem Leben. Sie sind die Highlights, an die wir uns noch Jahre später erinnern. Sie sind die Perlen, um die sich die Lebenskette rankt. Hochzeit, Kindstaufe, Geburtstag, Einschulung, Konfirmation, Abtanzball, Schulabschlussfeier, alles Tage, die man feierlich begehen sollte, alles Anlässe, zu denen man sich deshalb auch anders kleidet als alltäglich. Sein erstes Ballkleid vergisst ein Mädchen nie mehr. Noch zur goldenen Hochzeit – zugegeben, die erleben heutzutage immer weniger Paare – wählt man eine besondere Garderobe. Warum? Weil das besondere Tage sind. Manche besiegeln den Abschluss einer Lebensphase, andere den Beginn. Alle sollten Freude und das Glück bewusst machen, dass man sie erleben darf. Übrigens: Wenn Ihr Kind später seinem eigenen Kind die Fotos von sich mit der Schultüte zeigt, dann wird es sich nicht nur an den Tag der Einschulung erinnern, sondern auch an Sie, die Sie diesen zu etwas Besonderem gemacht haben. Und es hat gelernt: So machen Eltern das.

Früher war auch nicht alles toll, aber..

„Einen Purzelbaum kann jeder. Trau dich!" – Nach langem Zögern kugelte der Zehnjährige los und – brach bei dem Versuch, eine simple Rolle vorwärts zu turnen, über sich selbst zusammen wie ein Pudding! Welch großes Glück, dass er sich nicht verletzt hat. Dennis* war damals mein erster „Fall" dieser Art. Dass Kinder keine Körperspannung mehr aufbauen können, ihre unterentwickelte Muskulatur versagt oder dass immer mehr stark übergewichtig sind, ist beängstigend. Man kann und muss dieser Entwicklung entgegen arbeiten. Die tägliche Sportstunde ist lange überfällig. Im Sportunterricht sollten körperertüchtigende Spiele gespielt und regelmäßig Konditionstraining durchgeführt werden, so dass die Arm-, Bein-, Rücken- und Bauchmuskulatur trainiert wird. Ein Allroundtraining kann ausgleichen, was den Kindern in ihrem Tagesablauf fehlt. Durch das Überklettern hoher Hindernisse, durch das Hinüberhangeln über „Abgründe" und das Kriechen unter Bänken kann man Muskulatur und Kondition in Schwung bringen. Wenn die Anstrengung der ersten Versuche überwunden ist, setzt meist ein echtes Bedürfnis nach Bewegung ein. Zudem müssen Eltern dafür sorgen, dass ihre Kinder ausreichend Bewegung haben und falsche Ernährung klein halten. Am besten gehen Sie mit gutem Beispiel voran.

Viele Gewohnheiten übernehmen Kinder von ihren Eltern. Wenn Papa seine Freizeit ausschließlich mit Flaschbier vor dem Fernseher verbringt, wenn Mama ohne Chips nicht sein kann und Sport für beide ein Fremdwort ist, werden die Kinder nicht auf Rohkostsalat und Grünkernbuletten bestehen. Wenn alle Fußball nur vom Zusehen kennen, hat Kai zu kämpfen, damit er sich im Fußballverein anmelden darf.

Früher war nicht alles besser. Aber wir Kinder spielten und tobten den ganzen Tag draußen herum. Wir hingen kopfüber am Klettergerüst und nannten das Schweinebaumeln. Wir fuhren mit Rollschuhen, radelten um die Wette und kugelten vorwärts und rückwärts über den Rasen. Deshalb waren wir auch nicht dick, obwohl wir Schokolade und Bonbons aßen und auch das Wurstbrot von Tante Alma.

Abgesehen davon, dass es sich nicht gut anfühlt, wenn der Körper schlapp und untrainiert ist, bedeutet der aktuelle Trend zu ungesunder Lebensweise und seine gesundheitlichen Folgen auch eine ungeheure Belastung für die Volksgesundheit, mit immensen Kosten für die Kassen und damit für uns alle. Übrigens: „Dick" ist kein Schimpfwort. Wenn einer dick ist, muss man ihm das sagen dürfen.

*Name geändert

„Was Schüler nicht dürfen" – Wie viele Likes?

Die meisten von uns leben nicht auf einer einsamen Insel. Beim Zusammenleben vieler Menschen muss es Gesetze und Regeln geben. Gesetze, die Rechte garantieren und Regeln, die Pflichten deutlich machen. Nun neigen wir gern dazu, unsere Rechte einzufordern und es mit den Pflichten nicht so genau zu nehmen. Pädagogen, also Sie als Eltern und auch Lehrer, haben die nicht immer leichte Aufgabe, Heranwachsenden die Möglichkeiten, aber auch die Grenzen dieser Grundlagen klar zu machen. Sie haben auch die Pflicht, die nötige Einsicht oder Selbstdisziplin Ihrer Kinder und Schüler einzufordern, wenn nötig zu erzwingen.

Kinder reizen gern ihre Grenzen aus. Sie tun so lange etwas Verbotenes, bis es kracht, bis die Eltern ein „Stopp" setzen. Tun Eltern das nicht, lernen Kinder, dass sie bestimmen, wo es lang geht und dass sie machen können, was sie wollen. Manche mögen das für Freiheit und individuelle Entfaltung halten, ich nenne es

„Laissez-faire". Grenzen sind wie ein Spalier. Kletterrosen wachsen auch am Boden, aber sie vegetieren dort ungeordnet vor sich hin. Entfalten können sie sich, wenn sie an einem Spalier emporranken dürfen und dort Halt finden. Kinder, die dieses Grenz-Spalier nicht haben, könnten vermuten, dass sie ihren Eltern egal sind. In der Schule glauben solche Kinder, dass sie auch hier die Regeln selbst bestimmen können. Besonders in Zweckgemeinschaften wie Schulen, wo über Tausend Menschen täglich nicht nur miteinander auskommen, sondern auch noch effizient arbeiten müssen, ist jedoch Selbstdisziplin des Einzelnen unumgänglich. Man muss von Schülern erwarten dürfen, dass sie Toilettengänge in den Pausen erledigen und nicht während des Unterrichts, wobei Ausnahmen – leise hinaus, schnell und leise wieder auf den Platz – immer möglich sind. Mobiltelefone sind während der Stunden ausgeschaltet, außer, sie werden zu Unterrichtszwecken gebraucht. Arbeitskleidung in der Schule ist zweckmäßig und entblößt nicht erogene Zonen. Hier geht es um

Lern-, nicht um Körbchen-Inhalte. Höflicher Umgangston ist selbstverständlich. Schüler, die andere beleidi
gen und beschimpfen, müssen Konsequenzen erfahren.
Auch Lehrer haben sich an diese Regeln zu halten.

Was eine Beleidigung ist, bestimmen allerdings nicht
die Schüler. Zu variabel sind die Trends. Die Konsequenzen für Fehlverhalten in der Schule legt die Schul-
konferenz in der Schulordnung fest. Sollten Pädagogen
in spontaner Hilflosigkeit Schüler vor den anderen in die
Ecke stellen, sollte ihnen womöglich die Hand ausrut-
schen, müssen sie mit Folgen rechnen. Ich hoffe, un-
sinnige Schreibaufträge – 100 mal „ich darf nicht stö-
ren" – gehören der Vergangenheit an. Wenn ein Lehrer
aber eine pädagogische Anordnung ausspricht, hat der
Schüler diese grundsätzlich erst einmal zu befolgen,
ohne sie zu diskutieren. Dasselbe gilt für Konflikte zwischen Ihnen als Eltern und ihren Kindern. Übrigens:
Verdrehen Sie jetzt nicht die Augen! „Gehorchen" ist
kein schlimmes Wort und die Freiheit Ihres Kindes geht
genau bis dahin, wo Sie ihr eine Grenze setzen.

Zu eigener Meinung erziehen – manchmal ein Spagat

„Du, Mama, in der Zeitung steht, dass der Mann, der sich Silvester an einer Frau vergangen hat, zwei Jahre auf Bewährung bekommen hat. – Heißt das, der muss gar nicht ins Gefängnis? Da steht: >Wegen eines sexuellen Übergriffs auf eine 19-Jährige am Neujahrsmorgen hat das Hamburger Landgericht einen Afghanen zu einer Jugendstrafe von zwei Jahren auf Bewährung verurteilt. Die Strafkammer hielt es für erwiesen, dass der etwa 19 Jahre alte Flüchtling die Frau verletzte und sexuelle Handlungen an ihr vornahm. Die Frau hatte sich heftig gewehrt.<* Warum wird der nicht richtig bestraft?" – Sie als Mutter stehen nun vor der Aufgabe, Ihrem Kind etwas zu erklären, das Sie selbst nicht nachvollziehen können. Sie wollen nicht fremdenfeindlich sein, ihr Kind soll zu Toleranz erzogen werden. Und doch sind Sie selbst im Zweifel, ob so ein Urteil richtig sein kann. „Was steht da noch?" fragen Sie zur Sicherheit. „Da steht, er sei verheiratet und habe zwei Kinder in Kabul<." Das macht Ihnen die Erklärung nicht leichter. Sie fragen sich auch, warum ein Mensch, der in seiner Heimat schon Kinder gezeugt hat und damit Verantwortung trägt, hier in Deutschland die Vorteile des Jugendstrafrechts genießt. „Weißt du, wenn ein Erwachsener noch sehr unreif ist, wenn er noch nicht richtig weiß, wo es lang geht, dann wird er hier manchmal wie ein Jugendlicher behandelt. Und dieser Täter wurde wohl so eingeschätzt." „Aber du hast gesagt, dass man schon mit 14 Jahren strafmündig und mit 18 erwachsen ist. Der ist schon 19 und dazu noch Vater! – Ich finde das nicht richtig." – Tja. – Erziehung zu Achtung und Weltoffenheit ist Ihnen wichtig, zu kritischem Bewusstsein auch. Als Eltern kommen Sie in diesem Fall an die Grenzen ihrer Erziehungsideale. In diesen Tagen fragen Sie sich häufiger, ob unsere Werte und Grundsätze, sogar unsere Gesetze deutlich genug sind. Sollten wir nicht gerade mit denen, die zu uns kommen, streng sein? Wie sollen sie lernen, was uns hier wichtig ist, wenn wir ihnen nicht klare Grenzen aufzeigen? Ist Milde nicht der Freibrief für Kriminalität?

82

Manche befürchten, dass die neuen Mitbürger wegen dieser Milde über uns lachen und uns für sehr schwach halten könnten. Politisch korrekt zu sein, ist nicht immer leicht. Trotzdem sollten Sie als Eltern ehrlich Ihre Meinung vertreten. Räumen Sie Ihrem Kind gegenüber ein, dass man sicher anderer Meinung sein kann, und die Richter das in diesem Fall ja auch waren. Geben Sie es aber zu, wenn Sie diese Milde nicht verstehen und auch nicht richtig finden. Wichtig ist, dass Ihr Kind sich auf seine Eltern und deren klare Linie verlassen kann und dabei doch die Freiheit hat, sich seine eigene Meinung zu bilden. „Was denkst du? – Übrigens: Es ist nicht fremdenfeindlich, wenn man die Werte der eigenen Gesellschaft höher stellt, als alles andere.

°Zit. HA 29.08.2016

Die Schule ist der Arbeitsplatz der Kinder

„Je m'appelle Christine, comment tu t'appelles?" – Ihr Kind ist stolz, dass es jetzt eine neue Sprache lernt. Als Eltern sind Sie nicht sicher, ob das zu diesem Zeitpunkt eine gute Idee ist. Gerade beginnt die Pubertät. Ob Spanisch, Französisch oder Latein, alle Sprachen bestehen aus Wortschatz und Grammatik. Es reicht nicht, dass man kurze Sätze nachplappern kann. Vokabeln müssen gelernt, Grammatik muss angewendet werden. „Hast du deine Hausaufgaben gemacht?" „Mach ich heute Abend im Bett." – Nein! Unterbinden Sie diese Einstellung bitte von Beginn an. Eine Sprache beherrscht man nur, wenn man sich aus dem Werkzeugkasten der Wörter und Grammatik bedienen kann. Und der steht nicht unter dem Bett, der ist im Kopf. Sorgen Sie also dafür, dass Ihr Kind gründlich lernt, auch die neuen Wörter zu schreiben übt. Vielleicht vertreibt das die erste Euphorie, ist aber unumgänglich, wenn etwas dabei herauskommen soll. Um die Motivation zu erhalten, kann man kleine Videos anschauen, ein Sprachtrainingsprogramm mit Lösungen anschaffen, sich ein Belohnungssystem ausdenken oder, so man in der Lage dazu ist, sich mit dem Kind auch in der neuen Sprache unterhalten. Begeisterung für Neues hat bei vielen Kindern eine äußerst begrenzte Halbwertzeit. Geben Sie diesen wechselnden Launen von Beginn an keinen Raum. Ihr Kind ist verantwortlich dafür, dass es die neue Sprache erlernt. Selbstdisziplin ist das Zauberwort für Erfolg. Nur, wer seinen kleinen inneren Faulsack beherrschen lernt, wird auf Dauer etwas erreichen. Das bezieht sich nicht nur auf Fremdsprachen. Gelerntes zu Hause nachzubereiten, zu hinterfragen und ev. in der kommenden Unterrichtsstunde nachzuhaken, schafft Verstehen und Wissen. Voran geht allerdings das Wollen. Wenn jemand nicht lernen will, nützt all Ihr Bemühen wenig. Drängen und Schelten ist selten hilfreich. Sie müssen einen Weg finden, Ihr Kind zu motivieren. Sie wissen, was ihm wichtig ist. Da können Sie anknüpfen. Letztlich geht es um den schulischen Erfolg schlechthin. Sie sollten es schaffen, Ihr Kind davon zu überzeugen, dass es selbstverständlich ist, zu lernen und zu arbeiten. Sagen Sie ihm von Beginn seiner Schulzeit an „Die Schule ist deine Arbeit." Eltern arbeiten, um die Familie ernähren zu können, Kinder arbeiten, um auf eigenen Füßen stehen zu können, wenn sie ihre Eltern nicht mehr belasten können. Übrigens: Sprachen zu können, erweitert den Horizont und das Verständnis für andere. Es schafft berufliche und persönliche Möglichkeiten. Und: Disziplin ist nichts Schlechtes!

Bauchschmerzen als Notbremse

„Ich hab Bauchschmerzen. Ich kann nicht in die Schule." – Ihr Kind klagt nicht zum ersten Mal über Unpässlichkeit, wenn es morgens in die Schule gehen soll. Nehmen Sie das nicht auf die leichte Schulter. Wenn ein Kind sich der Gemeinschaft entziehen möchte, tut es das nicht ohne Grund. Setzen Sie sich in Ruhe mit Ihrem Nachwuchs zusammen und besprechen Sie die Lage. Geht es um ein Leistungsproblem? Wie sieht es mit den schulischen Ergebnissen aus? Schauen Sie sich die Schulhefte an, kontrollieren Sie das Aufgabenheft. Werden Sie aus dem schlau, was da steht? Können Sie lesen, was das Kind geschrieben hat?

Ist es richtig, was dort steht? Sollten Sie feststellen, dass Hieroglyphen das Deutschheft zieren, dass unvollständige Mathematikaufgaben im Übungsheft gähnen oder Aufgaben ganz fehlen, sind Sie dem Problem vielleicht schon auf der Spur. Kinder, die in der Schule nicht mitkommen, die von den schulischen Anforderungen überfordert sind, ziehen häufig die Gesundheitsbremse. Die Bauchschmerzen sind dann keine Vorgabe, sondern sie treten wirklich auf. Nehmen Sie sich Zeit und klären Sie gemeinsam mit dem Kind, wo das Problem liegt. Begreift es schwer? Denkt es langsam? Ist die Anforderung zu hoch? Erklärt die Lehrkraft zu wenig? Ist es laut im Unterricht? Sollte sich hier die Antwort finden, lässt sich in einem Gespräch mit den betreffenden Lehrkräften bestimmt Verbesserung für das Kind schaffen. Es kann an Förderunterricht teilnehmen, Nachhilfestunden bekommen oder neben einem starken Schüler sitzen. Vielleicht kommt dabei auch heraus, dass Ihr Kind in seiner Klasse schlecht integriert ist. Es hat dort keine Freunde. Vielleicht wird es sogar gemobbt. Ihr Sohn tanzt Ballett, während alle Jungen in seiner Klasse Fußball spielen. Auf dem Schulhof rufen sie hinter ihm her. „Balletti, Balletti!" – Dann kann ein Gespräch mit der Klassenlehrkraft oder der Schulleitung helfen, eine bessere Lernumgebung für Ihr Kind zu finden. Nehmen Sie Bauchschmerzen nicht auf die leichte Schulter. Wer sich nicht wohlfühlt in seiner Klasse, der

kann auch nicht lernen. Die Umgebung ist ausschlagge-
bend für Lernerfolg und Wohlbefinden. Übrigens: Es ist
nichts Schlimmes, wenn Ihr Kind anders ist, als andere.
Es hat ein Recht auf seine Art.

Lehrer sind Sparringspartner der Schüler

„Das ist so eine Sauerei!" pöbelt Ihr Sohn, als er von der Schule heimkommt. Er kocht vor Wut. So ärgerlich haben Sie ihn lange nicht gesehen. „Was war denn?" trauen Sie sich zu fragen. „Ich habe zwei Sechsen bekommen!" – Nun sind auch Sie auf der Tanne. „Wofür?" „Für nix, echt, kannst du mir glauben." „Na, erzähl." – Wir hatten gestern eigentlich Sportunterricht. Plötzlich hörten wir über den Lautsprecher die Ansage, dass Unterricht in der Turnhalle in den kommenden Stunden nicht stattfinden könnte, denn da wäre ein Kabelbrand. Ihnen leuchtet das Problem nicht ein. „Ja, und warum hast du Sechsen?" Ich bin mit den anderen in die Pausenhalle gegangen und dann nach Hause. Vorher war ich noch im Schulbüro und habe nachgefragt, ob das mit dem Brand stimmt. – Ja, und heute sagt mir die Sportlehrerin, ich bekäme eine Sechs fürs Schwänzen des Unterrichts, denn ich hätte nicht weggehen dürfen. „Ich hab ihr erklärt, wie das war und dass ich extra im

Büro gewesen war. Da sagt die mir, dass ich für diese Lüge noch eine zweite Sechs bekomme! — Die kann was erleben! Die nächste Sportstunde kann sie vergessen!"

Wenn es genauso war, hätte die Sportlehrerin dem Kind besser erklärt, dass es das nächste Mal erst zu ihr kommen sollte, bevor es die Schule verlässt. Sie verstehen aber die Wut Ihres Kindes. – Sollen Sie ein Gespräch bei der Lehrkraft anmelden und sich einmischen oder gibt es einen besseren Weg? – Ihr Kind muss lernen, dass es im Leben nicht immer gerecht zugeht. Auch Lehrer haben Schwächen. Hier hat es eine gute Gelegenheit, gutes Benehmen und Diplomatie zu üben. „Kai, ich verstehe dich. Das ist dumm gelaufen, aber du hättest wirklich nicht weggehen dürfen, ohne das bei deiner Sportlehrerin abgesichert zu haben. Deshalb musst du mit ihr sprechen. Sprechen, nicht schreien! Du stellst am besten Fragen, die ihr Antwortmöglichkeiten lassen. Wenn du frech bist oder sie sich mit dem Rücken an der Wand fühlt, kannst du sicher sein, dass sie beißt. Lehrer, die ihre Schwächen und Fehler nicht nur einsehen, sondern auch noch zugeben, sind nicht allzu häufig. Weißt du, manche haben Angst davor, ihr Gesicht zu verlieren und dass ihnen die Schüler auf der Nase rumtanzen. Und in diesem Fall, hat deine Lehrerin zwar blöd reagiert, aber sie hat durchaus Recht. Am besten stellst du Fragen, die sie beantworten kann. „Frau X, wofür habe ich zwei Sechsen bekommen? Ich bin der Meinung, nichts falsch gemacht zu haben." Übrigens: Das Wichtigste ist, dass man lernt, immer höflich zu bleiben. Lehrer sind die Sparringspartner der Schüler. Mit ihnen kann ein junger Mensch lernen, wie er sich angemessen verhält. Einer, der sich laut über seine Lehrer aufschwingt oder sie womöglich beschimpft, hat trotzdem meist schlechte Karten – auch bei starken Lehrern.

Ferien – was nun?

Herbstferien. Zwei Wochen. Die Kinder sind zu Hause. Ist das nicht toll? – Leider ist das nicht für jeden ein Glücksfall. Berufstätige Eltern geraten bei der Gestaltung der Schulferien gern einmal in Schwierigkeiten. Kinder im Grundschulalter müssen beaufsichtigt werden. Beide Eltern arbeiten und haben nur begrenzt Urlaub. Was nun?

Schon zu Beginn des Jahres weiß man, wann Schulferien anstehen. Das heißt, dass Eltern mit schulpflichtigen Kindern rechtzeitig planen müssen, wie sie ihren Urlaub über das Jahr einteilen können. Kaum jemand hat 12 Wochen Jahresurlaub. Schüler aber schon. Gemeinsame Ferien für die gesamte Familie müssten drin sein. Das heißt nicht, dass das eine große Reise sein muss, aber eben gemeinsame Zeit, die man zusammen gestaltet. Die restlichen Urlaubstage sollten Mütter und Väter so verteilen, dass jeweils einer von ihnen in den übrigen Ferienzeiten ein paar Tage gemeinsam mit den Kindern verbringen kann. Für Schüler ist nichts schlimmer, als Ferien, in denen nichts geschieht und in denen sie sich nur selbst überlassen sind. Auf die Frage „Na, wie waren die Ferien?" kommt leider sehr häufig „Total blöd!" „Warum?" „Soooo langweilig!" – Nehmen Sie sich Zeit für ihre Kinder. Gestalten Sie diese gemeinsam. Das heißt nicht, dass den Kindern keine Luft mehr für eigene Ideen und Wünsche bleiben soll! Sein Sie einfach da. Machen Sie Vorschläge. Setzen Sie auch Unternehmungen an, die Sie gut finden. Und dann gibt es mal kein Wunschkonzert, dann sind alle dabei, auch wenn Bea gerade lieber chillen und Kai Computerspiele spielen möchte. Zuviel Freiraum macht unzufrieden. Kinder müssen erfahren, was Familie und Gemeinsamkeit heißt. Sie müssen erkennen, dass hier das Nest ist, aus dem sie aus und wieder einfliegen können. Hier sind sie sicher, geborgen und immer willkommen. Hier achtet man einander, hier kümmert man sich. Hier muss man auch mal zurückstecken. Kinder, die die Geborgenheit ihrer Familie nicht kennen, werden unzufrieden. Sie spüren eine Leere, die sie sich woanders zu füllen versuchen. Ersatzfamilie ist oft die Clique, sind womöglich Internetkontakte, die nicht kontrollierbar sind. Sie als Eltern sind dafür verantwortlich, dass ihre Kinder Familienzusammenhalt schätzen lernen und doch genügend Raum für eigene Belange haben.

Übrigens: Wer sich Kinder anschafft, ist für sie ein Leben lang zuständig. Das ist so.

Wie war das ... ohne Fernsehen, ohne Handy?

„Guten Tag, wo kann ich hier Bücher ausleihen?" Friderike ist 10 Jahre alt. Sie wundert sich über all die alten Damen, die sie hier antrifft. Friderike ist nicht in der Öffentlichen Bücherhalle gelandet, sondern genau gegenüber, im „Seniorentreff Älterwerden", in den Räumen der Volkshochschule. Eine der Damen – komisch, hier sind gar keine Männer, denkt Friderike – kommt auf sie zu. „Du möchtest bestimmt in die Bücherhalle", vermutet sie. „Die ist gegenüber. Aber wo du schon mal da bist, könntest du uns eigentlich kurz aushelfen. Hast du eine halbe Stunde Zeit?" Friderike hat und sie erfährt worum es geht. „Unsere vierte Mitspielerin ist heute krank. Rummikup geht aber zu viert besser. Du könntest ein wenig mitspielen. Du kennst doch Rummikup?" Das Kind setzt sich zu den Damen, die sich ihr vorstellen. Alle sind weit über 80 Jahre alt und haben Namen, die das Kind nie gehört hat – Ilse, Wilhelmine und Irmgart. Friderike bekommt ein Glas Saft und schon geht es los. Sie wundert sich, wie schnell ihre alten Mitspielerinnen die Zahlenkombinationen sehen und die Spielsteine über den Tisch schieben. „Wie war das, als du ein Kind warst, Ilse?" würde Friderike gern wissen. Sie erfährt, dass damals Krieg war und Kinder keine Zeit hatten, Kinder zu sein. Es gab nicht viel zu essen. Auch Brennstoff war knapp. Ilse erzählt von nächtlichen Ausflügen zum Bahngleis, wo sie Kohlen geklaut haben, damit der Ofen warm war. Keine schöne Zeit für Kinder. „Aber ich bin gern in die Schule gegangen", erzählt die alte Dame. Wir waren 42 Schüler in der Klasse. Wehe, einer hat dazwischen gequatscht, dann gab es mit dem Rohrstock auf die Finger oder man musste in der Ecke stehen. Aber gestört haben meist nur die Jungs. – Ich hab mich sehr für Geschichte interessiert. Spannend, wie die Menschen früher gelebt haben." „Stimmt das, dass es damals kein Fernsehen gab?" will Friderike wissen. „Und auch kein Handy", bestätigt Ilse. „Wir hatten ein Radio. – Damals war alles noch ein wenig anders. Mädchen trugen keine Hosen und Jeans gab es überhaupt noch gar nicht. Wir Mädchen trugen Kleider und dicke Strümpfe. Die wurden an

Gummibändern festgeknöpft und haben fürchterlich gekratzt." Friderike staunt und würde gern noch mehr hören, aber jetzt muss sie wirklich noch schnell in die Bücherhalle.

„Komm mich doch mal in meiner Klasse besuchen, Ilse", schlägt sie vor. „Dann kannst du sehen, wie das heute in der Schule so ist." Ilse freut sich. „Frag deine Lehrerin", ruft sie Friderike hinterher. „Ich komme gern!"

Kinder wussten, wo es lang ging

Ilse (87) ist zu Gast in der 4a. Schon die zweite Stunde erzählt sie von früheren Zeiten. Ganz anders als sonst, hören fast alle interessiert zu. Niemand stört, keiner piesackt seinen Nachbarn. „Was habt ihr damals in eurer Freizeit gemacht?" will Eva wissen. „ Freizeit verbrachten wir bei fast jedem Wetter draußen auf der Straße. Wir spielten mit Bällen, Verstecken, Tippel-Tappel oder ‚Fischer, wie tief ist das Wasser'. Das kennt ihr vielleicht gar nicht. Ich kann euch nachher gern erklären, wie es geht. - Bei Regen liefen wir barfuß und ließen Papierschiffchen im Straßengraben schwimmen. Die musste man aber retten, bevor sie am Siel ankamen und darin verschwanden!" „War das auf der Straße nicht gefährlich?" „Nein. Es gab ja noch fast keine Autos.– „Ja, aber heute kann man nicht auf den Straßen spielen", wirft Friderike ein. „Das stimmt leider, aber man kann im Sportverein sein oder in einem Chor singen, man kann ein Instrument spielen lernen oder zu mehreren ins Schwimmbad gehen. Ach, da fallen mir viele Dinge ein", meint Ilse. „Wir chillen oder hängen mit Freunden ab. Dann hören wir mit dem Handy Musik oder gucken YouTube Trailer". „Klingt für mich nicht besonders spannend, aber vielleicht versteh ich das ja auch nicht richtig." „Die Kinder bewegen sich zu wenig", stimmt die Lehrerin zu, „und zuerst sollten sie ihre Schulaufgaben erledigen. Das passiert ja leider auch nicht bei allen." „Oh.... Früher mussten wir nachsitzen, wenn wir Hausaufgaben vergessen hatten. Und wir bekamen einen Eintrag. Das war peinlich und schlimm! Zu Hause gab es dafür meist Schläge." „Aber Eltern dürfen doch ihre Kinder nicht schlagen! Dafür kann ein Kind seine Eltern anzeigen." „Tja, heute ist manches anders. Ich finde Schlagen auch nicht richtig, aber wir wussten genau, wo es lang ging. Es gab feste Regeln. Vor den Eltern oder Lehrern hatten Kinder nicht nur Achtung, sondern meist sogar Respekt. Das gab Halt. Ich denke, es ist nicht gut, wenn Kinder tun und lassen dürfen, was sie wollen. Sollen Kinder etwa die Regeln bestimmen? Sie können doch nur von den Älteren lernen, wie das im Zusammenleben läuft." „Der Mirco, der macht immer, was er will. Aber der ist auch gar nicht gut in der Schule." „Warum ist das so, Mirco?" Ilse dreht sich suchend um. „Der ist heute mal wieder nicht da," erklärt Bettina, „wahrscheinlich hängt er wieder im Einkaufs Centrum ab."

Es klingelt. Leider ist die Stunde schon vorbei. „Kann Ilse noch einmal wiederkommen?" Alle würden sich freuen und Ilse auch. Es ist eben spannend aus erster Hand zu erfahren, wie Kinder früher lebten.

Schenk das mal der Oma

Seit Ende September liegen in den Supermärkten wieder die Weihnachtskekse aus. Mancher ist genervt, dass das Geschäft mit den Emotionen so rücksichtslos abläuft. Weihnachten ist eines der Feste, das keinen kalt lässt. Weihnachtsfans freuen sich, dass es endlich wieder so weit ist. Voller Freude stürzen sie sich auf die ersten Dominosteine, horten Kerzen und decken sich mit Lichterketten ein. Weihnachtsmuffeln geht der Hype auf die Nerven. Die alljährliche Frage „Was schenken wir Oma?" kann ziemlich belasten. Überhaupt ist die Schenkerei ein Thema. Jedes Jahr wieder frage ich mich, was die Menschen umtreibt, woher gerade die, die wenig verdienen, das Geld für horrende Einkäufe zu Weihnachten generieren. Mit dem ursprünglichen, für uns Christen im Lukasevangelium niedergeschriebenen Sinn, hat das, was wir jedes Jahr erleben, jedenfalls nur noch wenig zu tun. Aber: Eines ist sicher, sie werden kommen, diese drei Feiertage. Eltern sollten sich fragen, wie sie ihren Kindern Weihnachten vermitteln wollen. Der Keim dafür muss früh gelegt werden. Es geht nicht um sinnentleertes Zusammengekaufe meist nutzloser und entbehrlicher Geschenke. Mit Kindern beginnt man Ende November, kleine Basteleien zu arbeiten, wie z.B. Fensterschmuck und Geschenke für die Familie. Ein selbstgemaltes Bild oder der Weihnachtengel aus Knetmasse werden die Oma mehr erfreuen, als irgendwas, das Mutti dem Enkel in die Hand drückt „schenk das mal der Oma". Nun ist auch die Zeit zum gemeinsamen Kekse backen. Überhaupt bekommt das Wort „gemeinsam" in dieser Jahreszeit eine ganz besondere Betonung. Auch berufstätige Eltern sollten sich die Zeit nehmen, ihre Kinder an Advent und Weihnachtsbräuche heranzuführen. In dieser meist grauen, ungemütlichen Jahreszeit, kann man mit Kerzenschein und Lichterketten eine warme Atmosphäre schaffen. Wichtig, dass jeglicher Stress vermieden und Achtsamkeit groß geschrieben wird. Hektik passt nicht zu Weihnachten, wohl aber Beschaulichkeit und Zeit füreinander zu haben. Zeit ist ein wunderbares Geschenk, besonders für die Oma. Sie erinnern sich „erst eins, dann zwei, dann...“? Lassen Sie Ihre Kinder die Adventskerzen anzünden. Jede Neue bringt sie ein Stückchen dichter an das Fest und steigert die Spannung.

Wenn allerdings schon drei Monate zuvor nichts anderes als Weihnachtsschmuck, Kerzen, Marzipan die Regale schmücken, ist man zum 24.12. so satt davon, dass das Fest an sich kaum noch Gewicht hat.

Zeit – ein wunderbares Geschenk!

„Was wünscht du dir zu Weihnachten?", für Kinder die wichtigste Frage in dieser Jahreszeit.

Für Eltern die Schwierigste. Wenn Sie schlau sind, beschränken Sie den Umfang der Gaben von Beginn an. Dann wird Ihr Nachwuchs nicht in Zweifel verfallen und nicht ins Unermessliche wünschen. Es wäre jedoch weltfremd, zu glauben, dass ideelle Geschenke die Einzigen sein können. Natürlich haben Kinder materielle Wünsche. Manche bilden sich durch den Vergleich mit Mit-Kindern und Schulkameraden aus. Ihre Kinder werden es schwer haben, wenn sie nicht irgendwie mithalten können. Übertreiben sollten Sie trotzdem nicht. Lassen Sie Wunschzettel schreiben, schreiben auch Sie auf, was Sie sich von den Kindern wünschen. Wenn das Kind sich ein Pony, ein I-Phone 7, die neuesten Sneakers von Marke und eine Reise nach Disneyland wünscht, beschränken Sie sich bitte auf die Erfüllung nur eines dieser Wünsche. Aufmerksame Menschen merken sich das ganze Jahr über, was

Familienmitglieder gern haben, so dass es ihnen nun leicht fällt, ein kleines Geschenk zu finden. Nicht nur alten Menschen schenkt man am besten Zeit und Erleben. In die Erfüllung dieser Geschenke können Sie Ihre Kinder einbinden. Bemalen Sie 12 Karteikärtchen. Für jeden der 12 Monate schreiben Sie gemeinsam mit den Kindern je ein Event, der Oma oder Tante Gerda Freude machen könnte, auf die Kärtchen. Unzählige Unternehmungen und Unterstützungen werden ihnen einfallen. Jedes Jahr aufs Neue. Einkäufe erledigen, schwierige Arbeiten ausführen, Geschichten vorlesen, April: auf den Michel steigen/fahren, Juni: 2xRasen mähen, September/Oktober: Spaziergang im Wald, Pilze finden,. – Etwas für andere zu tun ist der wichtigste Gedanke beim Schenken. Sich Zeit für jemanden zu nehmen, zeigt dem Beschenkten eine hohe Wertschätzung an. Maßvoll wünschen auch, obwohl Kinder wenig Vorstellung von Geld, Lohn und Kosten haben. Darum kann es nicht schaden, mit ihnen auch einmal über den Wert von Arbeit und die finanziellen Belastungen zu sprechen, denen man ausgesetzt ist. Wenn Kinder mit dem goldenen Löffel im Mund aufwachsen, können wir weder Bescheidenheit, noch Einsicht in Beschränkungen erwarten. Wenn sie nicht wissen, was „Miete" bedeutet, weil sie nur mit Menschen in eigenen Häusern verkehren, ist es an Ihnen als Eltern, das zu erklären. Wenn manchen Kindern Bescheidenheit fehlt, ist das oft auch mangelnde Kenntnis der Tatsachen. Jedem Miteinander liegt Realismus zugrunde. Den muss man aushalten können. Eltern erziehen Kinder...

Lernen braucht Ordnung – innen wie außen

Vor Weihnachten häufen sich Klassenarbeiten und Tests manchmal in grotesker Weise.

Eltern fragen sich, wie das angehen kann. Ende Januar gibt es Zeugnisse, die Konferenzen dazu beginnen Mitte des Monats. Was liegt also näher, als jetzt, vor den Weihnachtsferien noch schnell Tests und Klausuren zu schreiben? Zwei Wochen Ferien geben den Lehrkräften Zeit, alles ganz in Ruhe zu korrigieren. Ist doch verständlich, oder? – Nein!!! – Es muss einen Plan geben, der die Leistungsüberprüfungen vernünftig über das Schuljahr verteilt und auf den sich Schüler und Eltern verlassen und einstellen können. Wer drei Klausuren und zwei Tests in einer Woche schreiben soll, wird das nicht gut machen. Bitten Sie bei nächster Gelegenheit um einen Arbeitsplan, wenn es einen solchen noch nicht gibt. – Klausuren. Auch so ein Thema. Oft fragen sich Eltern, wie die Benotung zustande kam. Da hat der Filius im Vokabeltest bei 20 Wörtern 10 Fehler gemacht, weil ihm die Rechtschreibung egal und auch das

Vokabelwissen eher ein Quiz ist, und darunter steht aber „fein! 2-, Berni". Ja, geht's noch? Das erste, was Mutti ins Auge fällt, ist, dass das „ie" bei „fiever" nicht korrigiert wurde. Hatte der Lehrer womöglich selbst Fieber? Mutti findet noch mehr Fehler. Aber Berni ist stolz auf seine 2-. Ist klar. Gibt Mutti nun den Spielverderber und sagt, was sie von dem Lehrer hält und von Bernis Vokabelkenntnissen? Oder schweigt sie und wundert sich? – Vokabeln sind die Grundlage einer Sprache. Schreiben wir sie irgendwie, zeugt das von mangelnder Achtung vor dieser Sprache und wird dazu führen, dass sie eines Tages verschwindet. Genauso verhält es sich mit unserer Muttersprache. Da wollen wir auch nicht, dass sie wie Lautschrift zu lesen ist. Wär Kan daß schonn wolen? Überhaupt scheint Genauigkeit und Ordnung ein schwieriges Thema. Gern fordern Lehrer diese ein, bringen aber ihren Schülern nicht bei, wie das geht. Am Stundenende machen sie Druck. Schnell, schnell, raus in die Pause! Dass Berni deshalb die neuen

Arbeitsblätter nicht in die dafür vorgesehene grüne Mappe heften kann, sondern sie schnell irgendwie in den Rucksack schiebt, leuchtet ein. Am nächsten Tag hat er die Hausaufgabe nicht, weil er die Blätter nicht mehr auf dem Schirm hatte. Vielleicht denken Sie jetzt, dass das doch alles nicht so schlimm sei. Ist es leider doch. Lernen, ist eine Einstellungssache. Dazu braucht es eine Ordnung, innen und außen. Helfen Sie den Kindern mit Signalen. Farben sind dafür gut geeignet. Alle Hefte und Mappen eines Faches haben die gleiche Farbe. Dann weiß Berni: rot=Mathe. Wenn Sie Lehrkraft sind, beenden Sie die Stunde bitte so rechtzeitig, dass Ihre Schüler nicht nur die Hausaufgaben aufschreiben, sondern auch ihre Sachen ordentlich wegpacken können. Und – achten Sie bitte darauf, dass sie das auch tun!

Kleine Terroristen erziehen wir uns selbst.

Meine Freundin geht jeden Abend um 20 Uhr mit ihrem Kind ins Bett. Sie ist total erschöpft, denn ihr Baby strengt sie sehr an. Es ist jetzt drei Monate alt und es schläft nicht, wenn seine Mutter nicht dabei ist. Es schläft auch nicht in seinem Bettchen. Es muss das Elternbett sein. "Das Kind ist so anspruchsvoll", klagt die Mutter. – So oder ähnlich haben Sie es sicher auch schon einmal gehört. Meist entbrennt dann eine heftige Diskussion darüber, wie man es richtig macht mit der Erziehung. „Wenn das Kind sonst nicht schläft, dann muss die junge Mutter das wohl so machen", meinen die einen. „Geht gar nicht!" ist die Ansicht der anderen. Kann man sagen, was richtig und falsch ist? – Hören wir uns ein wenig um. – Die Partnerschaft mancher Eltern beginnt schon bald nach der Geburt zu knistern. „Immer bist du müde!" wirft er ihr vor. „Kann doch nicht sein, dass wir keine gemeinsamen Abende mehr haben. Im übrigen stinkt es mir, dass das Kind immer in unserem Bett liegt. Ich finde das nicht gut." Ihr „ja, aber.." greift bei ihrem Mann nicht. Sie fragen Freunde um Rat. „Bettina und Klaus haben das auch so gemacht", erzählen die. „Kim ist jetzt vier und er schläft noch immer zwischen den Eltern." „Lea war auch so ein Schreikind. Ihre Eltern sind immer weich geworden. Heute terrorisiert sie nicht nur die Familie. Sie glaubt, dass jeder nach ihrer Pfeife tanzen muss. In der Schule läuft sie nun auf. Damit, dass sie dort nicht den Ton angeben darf, kommt sie gar nicht klar." „Julia, ebenfalls junge Mutter, fordert von Beginn an ihr Recht. Das Neugeborene kommt zum Schlafen in sein Bett, das im Kinderzimmer steht. Wenn es schreit, geht Julia hinein, beruhigt es und geht wieder. Das Kind weiß, dass seine Mutter da ist. Bald gibt es kein Problem mehr. – Bea ist jetzt drei. Ihre Mutter erklärt ihr, dass sie um die Mittagszeit eine halbe Stunde Ruhe braucht. Bea versteht schnell, dass sie ihre Mutter danach wieder für sich hat. Sie hat Kekse und ein Fläschchen. Das hilft über die halbe Stunde hinweg. Um 20 Uhr bringt ihre Mutter Bea ins Bett. Sie erklärt ihr, dass nun Erwachsenen-Zeit ist.

Nicht mehr Kinder-Zeit. Da gibt es kein Vertun, außer in Krankheitsphasen. Kinder verstehen solche Regeln meist schnell. Verlässlichkeit gibt Sicherheit. Und doch bleiben Machtproben nicht aus. Was bedeutet es für Erwachsene, wenn sie schon Kleinkindern unterliegen? Ich versichere Ihnen, dass ihr Kind mit klaren Ansagen und Regeln, die es einsehen muss, besser klarkommt, als mit „Gummi-Eltern", die alles mit sich machen lassen. Eltern sind die Sparringspartner ihrer Kinder. Mit ihnen üben sie, was sie wissen müssen. Auch, dass sie nicht der Mittelpunkt der Welt sind, um den sich alles zu drehen hat. Kinder sind Kinder. Sie müssen viel lernen. Von Erwachsenen. Geben Sie Ihren Kindern die Gelegenheit dazu.

Wie soll ich wissen, was du kannst?

Vielfalt macht den Charme unserer Gesellschaft aus. Sie kennen alle die Selbstdarsteller. Kaum, dass sie einen Raum betreten, erscheint dieser voll. Sie sind laut, Beifall heischend, peinlich. Mancher schaut ständig in die Runde um zu sehen, ob ihm auch alle zuhören, wenn sie ihrer seine Platituden und Allgemeinplätze absondert. Meist sind diese Menschen auch „laut" gekleidet. Starke Muster, zu viel Schmuck, zu viel Maske. Das andere Extrem sind die grauen Mäuse. Ob sie da sind oder nicht, fällt keinem wirklich auf. Sie bringen sich nicht ein, ducken sich gern weg und möchten bitte nicht im Mittelpunkt stehen. Ihr Auftritt ist daher oft schlicht, leise, unspektakulär. Dazwischen treffen sich menschliche Wesen aller Art. Auch in unseren Schulklassen finden sich die unterschiedlichsten Charaktere. Hier ist man bemüht, jedem gerecht zu werden, jeden Schüler gut einzuschätzen und bewerten zu können. Von Lehrern erwarten wir, dass sie Schülerleistungen unterscheiden und Kriterien festlegen können um eine möglichst hohe Chancengerechtigkeit herzustellen. Von Lehrern erwarten wir auch, dass sie ihre Schüler coachen, d.h., ihnen klarmachen, wie sie sich einbringen und verhalten müssen, um im Unterricht und später im Leben erfolgreich zu sein. Wir leben in einer Leistungsgesellschaft. Gute Noten sind die Eintrittskarte für freie Berufs- und Studienwahl. Einige Ausbilder sind dazu übergegangen, die Schulnoten hintenan zu stellen und die Kompetenzen ihrer Lehrkandidaten selbst zu überprüfen. So können sie herausfinden, ob ein Bewerber für den Beruf geeignet ist und ob er ins Team passt. Das ist aber nicht überall so. Was bleibt also, um eine gewisse Vergleichbarkeit zu erhalten? – Zensuren.– Schulnoten setzen sich aus schriftlichen und mündlichen Leistungen zusammen. Wie hoch der jeweilige prozentuale Anteil ist, legt jede Schule selbst fest. Überwiegend gilt 50/50. Manche Schulen, besonders Gymnasien, bewerten die mündliche Leistung ihrer Schüler höher als die schriftliche, z.B. 51%mündlich und 49% schriftlich. Wer ein gutes Abitur möchte, muss in der Lage sein, sich zu artikulieren, zu unterschiedlicher Thematik Stellung zu beziehen und spontan Beiträge zu aktuellen Fragestellungen zu leisten. Auch schüchterne, zurückhaltende Menschen können das. Wenn Ihr Kind damit Probleme hat, sprechen Sie mit seinen Lehrern. Je früher man Vorträge und Präsentationen übt, desto selbstverständlicher sind sie und desto geringer werden die Hemmungen. Auch 2-Minutenvorträge über ein Thema der eigenen Wahl entspannen die Angst, vor vielen Gesichtern reden zu müssen. Von Lehrern dürfen Sie erwarten, dass sie die nötige Achtung und Toleranz in ihren Lerngruppen schaffen, so dass sich auch der Schüchterne nicht zu fürchten braucht.

Gold, Weihrauch und Myrrhe oder das neue I-Phone?

Haben Sie alle Geschenke zusammen? Nichts vergessen? Ist das wieder ein Stress! Jedes Jahr das Gleiche. Dieses Weihnachten kommt total überraschend. Dann steht man da und grübelt. Man zermartert sich das Hirn. Wem schenke ich was? – Nein, hatte ich das nicht letztes Jahr? Ich weiß gar nicht.. hatten ich? Wäre das peinlich! – Aufmerksame Zeitgenossen merken sich ganzjährig, was das Begehr ihrer Lieben ist. Schlau ist es, deren Wünsche schon in dem Moment zu besorgen oder zu notieren, wenn man sie erkennt, dann gibt es zu Weihnachten keinen Stress mehr. Onkel Heinrich, Golfer, bekommt das neue witzige Golfbuch, das gerade im Gespräch ist. Großmutter Else hat eine neue Winterjacke, aber keinen schönen Schal dazu. Tante Erna macht immer so leckere Lasagne. Sie entlocken ihr das Rezept, schreiben es hübsch auf und kaufen die Zutaten ein. Das Ganze ist ein wunderbares Geschenk für Ihren Mann, der jedes Mal von dieser Lasagne schwärmt, wenn Sie heimkommen. Nun kann er sie selbst versuchen. Beim letzten Treffen haben Sie eines von Ilonas Weingläsern fallen lassen. Ersatz dafür ist ein gutes Geschenk. Der Zeitungszusteller freut sich über ein Briefchen mit Barem in der Zeitungsröhre. Genauso geht das mit der Müllentsorgungstruppe. Die muss man abpassen, ein Briefchen im Mülleimer wäre es eher nicht. Ja. Und die Kinder? Kim wünscht sich das neue I-Phone. Clara möchte die begehrte Spielekonsole und ein Fahrrad. Alles richtig teuer. Und da sind wir ja endlich beim Thema. Wie schenkt man richtig? Wie lernen Kinder das? Dabei geht es gar nicht nur darum, dass manche Eltern es nicht dicke haben und so teure Geschenke ganz einfach nicht drin sind. Es ist mehr eine grundsätzliche Frage. Schenken zu Weihnachten geht ja wohl auf die Heiligen drei Könige zurück, die dem Jesus-Kind ihre Gaben brachten. Und schon deren Geschenke waren nicht unbedingt das, was Maria und Joseph brauchen konnten. Gold, Weihrauch und Myrrhe! Na toll! Etwas zu essen wäre angebrachter gewesen, was denken Sie? Na ja, erledigt. Aber heute? Kinder sollten von Beginn an lernen, dass Geschenke mehr mit Aufmerksamkeit und Freude machen zu tun haben, als damit Materielles austauschen. Es müssen auch nicht zehn Geschenke sein. Eins. Zwei. Schluss. Die Freude, zu sehen, wie die Augen des Beschenkten leuchten, ist der schönste Lohn für den Schenkenden. Kinder lernen das von ihren Eltern. Wenn Ihnen der Weihnachtsrummel auf die Nerven geht und Sie schon länger an dem ganzen Geschenke etwas ändern wollten, tun Sie es! Es ist nie zu spät. Gut ist ein Gespräch mit der Familie, bitte rechtzeitig bevor Sie das Fest nächstes Jahr wieder überrollt. – Frohe Weihnachten! Ihre Karin Brose

Essen oder Nahrungsaufnahme?

Essen – ein ganz spezielles Thema. In unserer schnell-lebigen Zeit neigen wir dazu, schnelle Nahrungsauf-nahme zu betreiben. Mal schnell eine Pizza in den Ofen geschoben, schnell Essen beim Chinamann bestellt, schnell bei McDoof zwei Burger gegessen. Coffee to go, statt in Ruhe eine Kaffee am Tisch getrunken.

Essen und Trinken sind aber nicht nur nötig, sondern auch Genüsse, sie sind die Basis für unser Leben. Des-halb gebührt ihnen unsere besondere Aufmerksamkeit. Wir können nicht erwarten, dass wir gesund bleiben und dass unser Körper gut funktioniert, wenn wir ihn nicht gut versorgen. Darum ist es so wichtig, unsere Kinder von klein auf an richtiges Essen zu gewöhnen. Ich bin kein Gesundheitsapostel, ich verspüre auch nicht den Drang, Sie von meiner Auffassung von Essen zu überzeugen. An dieser Stelle geht es nur darum, dass unsere Kinder eine vernünftige Einstellung zum Essen entwickeln und sich darüber bewusst sind, dass ihr Körper Nahrung braucht, um gut funktionieren zu können. Wenn ich um 8:00 Uhr im Unterricht sitze und mir fallen die Augen zu, so sehr ich mich auch bemühe, sie offen zu halten, kann das zum einen daran liegen, dass ich zu wenig Schlaf hatte, zum anderen aber auch daran, dass ich meinem Körper noch keinen Treibstoff in Form eines Frühstücks zugeführt habe. Wer morgens nichts isst, hat nicht die nötigen Kalorien, die der Körper verbrennen muss, um in Gang zu kommen. Das Argument „ich hab morgens keinen Hunger" gilt nicht. In irgendeiner Form muss ein Kind vor der Schule Kalorien aufnehmen, wenn die ersten beiden Stunden nicht ungenutzt an ihm vorbeistreichen sollen. Wer nichts kauen mag, sollte zumindest einen Haferdrink, einen Smoothie, ein Glas Milch oder Kakao trinken. Besser wäre natürlich noch ein Stück Brot dazu. Wichtig, dass das Kind sich zu diesem Ritual (vor dem Zähneputzen!) an den Tisch setzt und in aller Ruhe sein Getränk oder Frühstück zu sich nimmt. Nicht im Stehen, nicht im Vorbeilaufen! Jetzt ist auch noch Zeit, kurz zu überlegen, ob es nichts vergessen hat, ob alle Sachen bereit stehen: Turnbeutel gepackt? Hausaufgaben eingesteckt? Geld dabei? – Dann kann der Schul-Tag beginnen. Mahlzeiten sind Zeiten der Ruhe. Ob Ihr Kind Freude daran hat, ob es bewusst und gern isst, ob es im richtigen Maße Nahrung zu sich nimmt, das alles leben Sie als Eltern vor. Sie bestimmen die Richtung und die Abläufe, die Ihr Nachwuchs übernehmen wird. Allein schon, weil er es nicht anders kennt. Besonders schön wäre es, wenn Sie wenigstens am Wochenende und abends die Zeit hätten, als Familie gemeinsam am Tisch zu sitzen und zu essen.

Früh übt sich – und Eltern ziehen an einem Strang

„Meine Tochter spricht schon sehr gut Englisch," verkündet der Vater stolz. Gerade hat man es gehört „I mag that not!" war die Antwort des kleinen Augensterns auf die Frage nach ihrer Meinung. Sie ist Schülerin einer 6. Klasse. Im Zwischenzeugnis stand für Englisch eine 2-. – ??? – Die realistische Mutter versteht das nicht. Sie ist der Ansicht, ihre Tochter müsse gründlicher lernen. Wie man im Englischen richtig fragt und antwortet war Stoff der Klasse 5. Der Konflikt ist hausgemacht. Die Tochter sieht das Ansinnen der Mutter nicht ein. Die 2- bestätigt ihrer Meinung nach, dass alles gut ist. Der Vater trägt nichts Positives bei, wenn er vor dem Kind noch verkündet, dass er von dauerndem Lernen auch wenig hält. Hier zeigt sich nicht nur ein Meinungskonflikt zwischen Eltern, hier zeichnet sich eine kleine, heranrollende Katastrophe ab. Es bleibt uns ein Rätsel, warum die Lehrkraft sich zu einer 2- verstiegen hat – eigentlich unverantwortlich, denn weder in Grammatik, noch in Rechtschreibung ist das Kind fit –

und auch, warum Eltern sich selbst gegeneinander ausspielen. Englisch steht hier als Beispiel für alles, was gelernt werden muss und sich nicht von selbst im Kopf ansiedelt. Arbeitsmoral und Gründlichkeit – vielen Schülern heute unbekannte Größen – sind die Basis für erfolgreiches Lernen. Kinder müssen von Beginn an verstehen, dass sie Werkzeug brauchen, wenn sie z.B. eine Fremdsprache lernen wollen. Das Werkzeug sind Vokabeln und Regeln, die der Sprache zugrunde liegen. Sie müssen gelernt werden, bis sie im Schlaf abrufbar sind. Genauso verhält es sich mit unregelmäßigen Verben. Eine Lernhilfe ist, sie im Pack gleicher Laute zu lernen. Buy, bought, bought; think, thought, thought,.... Leicht ist es auch, sich zu merken, dass englische Aussagesätze immer ähnlich gebaut sind: Subjekt – Prädikat – Objekt – Ort, Zeit. Für Fragen stellt man meist einfach noch ein Do oder Does davor. Natürlich sollte man Begriffe wie Subjekt und Prädikat kennen, die schon in der Grundschule vermittelt wurden. Sie denken „Wenn ich davon schon keine Ahnung habe – mein armes Kind!" Falsch! Sie sollen ja die Klassenarbeiten nicht schreiben, die Hausaufgaben nicht machen. Ihr Kind braucht aber Ihre Unterstützung dabei, zu begreifen, dass es selbst für seinen Lernerfolg verantwortlich ist. Die beste Englischschülerin, die ich in 42 Dienstjahren hatte, war eine Türkin, deren Eltern weder Deutsch noch Englisch sprachen. Sie wollte lernen, wissen, begreifen. Sie fragte, auch drei Mal, auch unbequem, eben bis sie etwas verstanden hatte. Bestärken Sie ihr Kind darin, sich zu interessieren, sich nicht zu früh zufrieden zu geben, womöglich aus Bequemlichkeit. Wo wir gerade bei Englisch sind: Diese Sprache braucht man heute überall und immer und in jedem Beruf. Besser also, man lernt sie gleich richtig, solange man noch jung ist und das Behalten leicht fällt. Übrigens: Immer besser, Eltern ziehen an einem Strang.

Lehramt – wirklich ein lauer Job?

Heute möchte ich Ihnen einen kleinen Blick hinter die Kulissen zumuten. Wen das nicht interessiert, der sollte hier nicht weiterlesen.

Halbtagsjob bei guter Bezahlung, 12 Wochen Ferien im Jahr, Lehrer müsste man sein, gell? Ein wenig anders ist es schon! Hamburg bezahlt seine Lehrer als einziges Bundesland nach dem Lehrerarbeitszeitmodell, dem 46,578 Wochenarbeitsstunden zugrunde liegen. – Während an den früheren Haupt- und Realschulen 27 Unterrichtsstunden angesagt waren, an Gymnasien meist 24, resultiert die Pflichtstundenzahl eines Lehrers heute aus der unterschiedlichen Bewertung seiner Fächer, je nach Aufwand: Vorbereitung, Korrekturen, Fach-Konferenzen. So hat an der Stadtteilschule das Fach Deutsch in Klasse 9 den Faktor 1,6, Sport aber nur 1,25 und unvorbereitete Vertretungsstunden 1,0. Kein Lehrer sollte mehr als 29 Stunden in der Schule arbeiten müssen. Ob das Arbeitszeitmodell gerecht ist, möchte ich hier nicht diskutieren, diese Kolumne könnte womöglich nicht rechtzeitig fertig werden. – Inzwischen sind Grundschüler in Hamburg mindestens bis 13 Uhr in der Schule, alle anderen haben Ganztagsunterricht, also mindestens bis 16 Uhr. Lehrer könnten ihre Unterrichtsvorbereitungen und Korrekturen in Freistunden erledigen wenn sie dazu an ihrer Schule die nötige Ruhe und Arbeitsräume hätten. Da das vielerorts nicht der Fall ist, arbeiten sie abends, nachts und am Wochenende zu Hause, denn mit den Arbeitsstunden in der Schule ist nicht die Hälfte des Aufwandes erledigt. – Ich will nicht so tun, als arbeiteten sich alle Lehrer zu Tode. Es gibt schon die, die ihren Unterricht völlig unvorbereitet aus dem Ärmel schütteln, die mittags 10 Minuten früher schließen, um 13:30 auf dem Golfplatz zu sein. Es gibt auch die mit der 3-Tage Woche. „Lehrer nicht aufschreien!" Eltern können ein Lied davon singen. – Im Großen und Ganzen arbeiten Lehrer heute jedoch entschieden mehr, als gut für sie ist. Die enge Arbeit mit Kindern und Jugendlichen ist nicht nur höchst an spruchsvoll, sondern auch psychisch eine enorme Belastung. Ein Lehrer trägt die Sorgen seiner Schüler mit nach Hause. Dazu müssen viele Aufgaben, die früher Behördensache waren, heute von Lehrern übernommen werden. Die Folgen sind Burnout, Depressionen, Magengeschwüre, psychosomatische Leiden. Wer das Pech hat, keine fürsorgliche Schulleitung erwischt zu haben, muss sehr auf sich achtgeben. – Nach 8 bis 9 Schulwochen sind die Schüler platt. Das merken Lehrer deutlich. Die Ferien sind für alle die Zeit des Kräftetankens, die auch bitter nötig ist. Und Ferien sind für Lehrer nur „unterrichtsfreie Zeit", d.h., sie bereiten neuen Stoff vor oder korrigieren Klausuren. Die Arbeiten mancher Klassen haben Thailand oder Australien kennengelernt.– Wenn also wieder die Rede davon ist, welch lauen Job Lehrer haben – Sie wissen es jetzt besser. Kandidaten, sollten sich trotzdem nicht abschrecken lassen. Es ist der schönste Beruf der Welt!

Couchpotato oder Bewegung macht glücklich.

Da sitzt er wieder. Seit drei Stunden, den Rücken krumm, Entfernung zum Bildschirm seines Computers weniger als 50 cm. Rechts daneben eine Literflasche Cola, links eine große Tüte Chips. – Wie oft haben Sie Ihren Sohn ermahnt, nicht dieses ungesunde Zeug in sich hineinzustopfen und gerade zu sitzen. Wie oft haben Sie sich gewünscht, dass er doch bitte mal draußen spielen oder Sport treiben solle. Mehr als „Nö – keine Lust" kam nicht zurück. Leo ist 11 Jahre alt und schon übergewichtig. Seine Leistungen in der Schule gestalten sich mittelprächtig, obwohl sein IQ anderes hoffen ließe. Er ist oft müde und hängt rum. Nimmt er den Anblick seines Vaters, der jeden Tag nach Arbeitsschluss mit einem Bier vor dem Fernseher sitzt, als Vorbild? Erwachsene dürfen sich nach der Arbeit erholen, wie sie wollen. Allerdings sollten auch sie sich regelmäßig bewegen. Wie wäre es, wenn Sie ein Gespräch führten um herauszubekommen, welchen Sport Leo toll findet. Sollte er sich für keinen interessieren, müssen sie aktiv werden, aber die meisten Kinder bewundern irgendeinen Sportler oder schwärmen für Sportgeräte. Denken Sie gern auch an für Sie Ungewöhnliches. Vielleicht ist es genau das, was für Leo passen könnte. Fußball, Basketball, Volleyball, Handball oder etwa Hockey? Bogenschießen? Asiatische Kampfsportarten? Schießen? Rennradfahren? Schwimmen? Mountainbiken? Skateboarden? ... Ballettunterricht? Breakdancen? – Er kann sich für gar nichts begeistern? Das ist schade, denn dann müssen Sie mit ihm arbeiten. Sie können nicht umhin, sich die Zeit zu nehmen mit Leo gemeinsam zu joggen, zu schwimmen oder zu radeln. Zur Belohnung darf er an den Computer, natürlich nicht länger als ½ - 1 Stunde.

Vielleicht denken Sie, ich habe mal wieder gut reden und fragen sich, wie sie das Kind vom PC wegkriegen und wann sie noch Sport treiben sollen. Sie werden eine Lösung finden. Warum Bewegung so wichtig ist? Sie fördert nicht nur Muskeltraining und -aufbau, Bewegung sorgt auch für besseren Stoffwechsel und optimale

Durchblutung des Herzens und damit des Körpers. Sie stärkt das Immunsystem und die Knochen und beugt Krankheiten, wie Diabetes und Bluthochdruck vor. Auch das Gehirn funktioniert besser, wenn es ausreichend Sauerstoff bekommt. Mindestens drei bis vier Mal pro Woche sollte man sich ca. 30 – 40 Minuten richtig anstrengen. Sie werden erleben, wie frei Ihr Kopf nach sportlicher Anstrengung ist. Übrigens: Ihr Leo wird es Ihnen danken, denn gute Noten und eine tolle Figur machen richtig Spaß und wenn er den Zusammenhang verstanden hat, auch die Bewegung.

Senfblätter – kein Genuss, und doch...

Früher nannten wir sie Senfblätter. Die meisten Kinder mögen keinen Senf. Er ist scharf, säuerlich und nachhaltig zu schmecken. Wer sie befürchten musste, hatte schon vorher diesen pelzig, sauren Geschmack auf der Zunge. – Zeugnisse – die Quittung für das Verhalten und den Lernerfolg eines Schulhalbjahres. Nicht, dass das, was sie quittieren, überraschend käme und dennoch. Irgendwie besteht ein Unterschied zwischen „ich weiß, dass ich nicht besonders fleißig war" und einem Blatt Papier, auf dem das schwarz auf weiß geschrieben steht. Nicht, dass Sie Ihrem Kind nicht immer wieder gesagt hätten, dass es fleißig lernen muss und dennoch. Irgendwie bescheinigt dieses Blatt Papier auch Ihnen, als Eltern, ob Sie erfolgreich waren. Nun werden Sie sagen „Ja, das ist doch nicht mein Zeugnis!" – Wenn es gut ausfällt, verzeichnen wir Eltern diesen Erfolg gern auch für uns und unsere gute Erziehungsarbeit. Fällt es nicht nach unserem Geschmack aus, tun wir uns schwer, uns diesen Schuh anzuziehen. „Sagen" reicht bei Kindern eben meist nicht aus. „Sagen" verspricht noch keine Nachhaltigkeit. Wenn das Kind nun im Brunnen liegt, muss es da ja nicht liegen bleiben. Schelten Sie ihren Nachwuchs nicht. „Was hast du dir dabei gedacht!!??" hilft nicht weiter. Spätestens jetzt ist der Moment, wo Sie Autorität und zugleich Solidarität zeigen sollten. „So, mein Freund, nun habe wir die Quittung. Wir waren wohl zu nachlässig. Ist gar nicht schön, aber wir kriegen das hin, glaub mir." Und dann analysieren Sie gemeinsam, woran es gelegen hat, dass da mindestens drei Vieren zu viel auf dem Zeugnis sind. Ein Fach wie Gesellschaft lebt von mündlicher Mitarbeit im Unterricht. Wer sich interessiert zeigt und den einen oder anderen Beitrag leistet, schreibt auch den Test danach nicht schlecht, denn er hat ja mitgedacht. Das Fach Deutsch erfordert ebenso mündliche Beiträge, aber es müssen auch Regeln gelernt und verinnerlicht werden. Versprechen Sie Ihrem Kind, dass Sie sich ab sofort die Zeit nehmen werden, gemeinsam mit ihm die Lücken aufzuarbeiten und am laufenden Stoff zu bleiben, auch dann, wenn das nicht immer leicht ist. Gege benenfalls holen Sie sich Unterstützung und buchen für eine gewisse Zeit qualifizierten Einzelunterricht für ihr Kind, bis es auf dem Laufenden ist. Übrigens: Wenn Sie als Eltern selbst verstanden haben, warum und wann man „das" mit einem „s" schreibt oder mit „ss" und dass es „daß" gar nicht mehr gibt, sind Sie auf dem besten Weg. Ich weiß, dass das nächste Zeugnis, das Ihr Kind nach Hause bringt, das beweisen wird. Lassen Sie Ihr Kind mit seinem Senfblatt nicht allein, so sauer es auch schmecken mag. Jetzt braucht es Rückhalt und Stärke seiner Eltern. Stärke bedeutet auch, dass Sie sich zusammenreißen und erkennen, dass Sie Ihren Anteil daran hatten. –

Ich will Schokolade!

Sie rührt sich nicht, die Mutter. – „Ich will Schokolade!"
... – Keine Reaktion.– „Mama, ich will Schokolade!"
wiederholt das Kind nun lauter. Seelenruhig sucht die
Frau in den Regalen zusammen, was sie für den Wo-
chenendeinkauf benötigt. Nun stampft das Kind mit
dem Fuß auf und fängt an zu brüllen. „Ich will aber!"
Die Mutter dreht sich langsam zu ihm um, schaut es
ganz ruhig an „ ich kann dich gar nicht hören, Kira."
„Aber ich schrei!" kreischt das Töchterchen entrüstet.
Die ältere Dame, die diese Szene beobachtet hat, beugt
sich lächelnd zu dem Kind hinunter und flüstert „ich
glaube, du hast das Zauberwort vergessen!" und geht
weiter. Kira stopp ihr Gebrüll, schaut ihr verblüfft hinterher und stapft dann auf ihre Mutter zu. „Darf ich bitte Schokolade haben?" Die Mutter reagiert sofort auf
die Frage der Dreijährigen. „Gern, Kira. Wir suchen
gleich welche für dich aus."

Dem Gör hätten Sie was anderes erzählt? – Oder
fragen Sie sich, wieso das hier überhaupt ein Thema

ist? Beide Positionen geben Aufschluss darüber, wie Sie es selbst mit der Höflichkeit halten. Das kleine Zauberwort „BITTE" bestimmt den Umgangston und entkrampft augenblicklich negative Stimmung. Das werden Sie aus Ihrem Alltag bestätigen können, sei es der Umgang mit den lieben Nachbarn oder der Ton am Arbeitsplatz. Mit Höflichkeit geht alles leichter. Höflichkeit macht liebenswert. Wenn Sie das für Schnickschnack halten, blättern Sie jetzt weiter. Sollte die Frage nach dem Zauberwort für Sie interessant sein, müssen Sie wissen, dass es wichtig ist, Kinder schon sehr früh damit zu konfrontieren. Sie haben es in der Hand, ob Ihr Nachwuchs ein Erwachsener mit guten Umgangsformen oder ein Rüpel wird. Sie als Eltern prägen Ihre Kinder und stellen damit die Weichen für deren Erfolg und Zufriedenheit im Leben. Alle Anweisungen, die Sie Ihrem geben, alle Aufforderungen sollten Sie von Beginn an höflich mit „BITTE" begleiten. Denken Sie nicht, dass ein Kleinkind das nicht merkt! Kinder imitieren ihre Eltern. LASS-DAS-ELTERN, die herumschreien und unhöflich miteinander umgehen, werden von ihren Kindern nichts anderes erleben. Das endet nicht bei BITTE und DANKE. Höflichkeit bedeutet auch, sich selbst zurücknehmen zu können, anderen den Vortritt zu lassen und das womöglich noch gern und nicht zähneknirschend. Ihre positive Grundhaltung übertragen Sie auf Ihren Nachwuchs. Ihre Kinder lernen, dass sie nicht allein auf der Welt sind, auch wenn sich ihnen das nicht immer erschließt. Freundlich und gelassen lässt die Mutter den Drängler an der Kasse vor. „Aber Mama...!" „Wir haben Zeit, der Herr wohl nicht." – „Geh bitte vor, wir haben Zeit", strahlt Kira den Mann an.

Äpfel mal Birnen sind Obstsalat

„Ich versteh nicht, was mein Sohn in der Schule lernt",
resigniert die Mutter. „All diese lateinischen Ausdrücke!
Muss das sein?" LEG = Lern-Entwicklungs-Gespräch.
Eltern erfahren, den Leistungsstand ihrer Kinder in den
verschiedenen Fächern. Sie bekommen Tipps, wie sie
unterstützen können, damit die vorgegebenen Lernziele
erreicht werden. Fachausdrücke erscheinen manchen
Eltern als Zusatzproblem. Was z.B. die Wortarten im
Fach Deutsch angeht, ist es eigentlich nicht schwer. Ein
Adjektiv ist ein Eigenschafts- oder Wie-Wort, wie
„doof". „Du bist doof!" Wenn aber das Adjektiv ein Verb
näher bestimmt, wird es zum Ad-verb (zum Verb). „Er
guckt immer so doof." (Wie guckt er?) Ein Artikel vor
dem Adjektiv macht es zum Nomen (Haupt -, Namen-
wort). Der Doofe hat es nicht leicht. Das gleiche schafft
die Präposition, wenn sie ein Verhältnis mit dem Adjektiv eingeht. Das ist nichts für Doofe. Auch durch An-
hängen gewisser Endungen schaffen wir es, aus Adjek-
tiven Nomen zu machen. „Doofheit wird nicht belohnt."

(Das gilt übrigens alles auch für Verben /Tuwörter!) – Ja – denken Sie jetzt vielleicht, das ist ja alles ganz schön. Aber wie soll ich meinem Kind bei Mathematik helfen? In der 6. Klasse läuft jetzt Bruchrechnen. Das hab ich längst vergessen! – Keine Sorge! Manches läuft von allein. Sophie kommt strahlend aus der Schule „Mama, ich konnte heute in Mathe ganz tollen Obstsalat machen!" „Wie – Obstsalat?" – „Gleichnamige Brüche zu addieren ist ja eierleicht. $1/2 + 1/2 = 1$. Aber Verschiedennamige, z.B $1/2 + 1/3$ sind wie Äpfel und Birnen. Die darf man erst dann zusammentun, wenn unter dem Strich „Obstsalat" ist, wenn sie da den gleichen Namen haben. Obstsalat macht man, indem man die kleinste Zahl findet, in die beide, 2 und 3 reinpassen. Das ist 6. Dann teile ich $6:2 = 3$ und nehme die 3 x den Zähler 1. So wird aus $1/2$ jetzt $3/6$. Aus $1/3$ wird: $6:3=2$, 2 x den Zähler $1=2$, also $2/6$. Jetzt heißt die Aufgabe $3/6 + 2/6 = 5/6$", erklärt Sophie stolz. – Ihre Mutter staunt. – Eltern müssen nicht alles können, was ihre Kinder in der Schule durchnehmen. Ihre Aufgabe besteht aber darin, dem Nachwuchs von der Einschu

139

lung an klar zu machen, dass er für sein Lernen selbst verantwortlich ist. Kinder, die im Unterricht aufpassen und mitdenken, haben meist kein Problem, den Inhalten zu folgen und Lernziele zu erreichen. Ermuntern Sie ihren Nachwuchs zum Nachfragen, wenn er etwas nicht verstanden hat, denn frei nach Sesamstraße gilt „wer nicht fragt, bleibt doof". „Sophie, ich hatte das Bruchrechnen schon ganz vergessen. Erklär doch bitte noch einmal." Die Tochter ist stolz, dass sie heute einmal mehr weiß, als ihre Mutter. – Übrigens auch für Eltern gilt: Es ist keine Schande, nicht alles zu wissen, wohl aber, es dabei zu belassen.

Nichts ohne mein Smartphone!

„Heute war es lustig!", schwärmt Paul, als er aus der Schule kommt. „In der Mathestunde haben bestimmt 10 Handys nacheinander geklingelt. Wie geil ist das denn?" Sie können es nicht fassen und haken nach „Habt ihr eure Handys denn im Unterricht an?" „Klar." – Professor Thomasius, Suchtexperte am UKE in Hamburg fordert Smartphoneverbot in der Schule. Dafür gibt es Gründe. Wie mit dem Gebrauch von Mobiltelefonen verfahren wir, regelt jeweils die Hausordnung einer Schule. Manche verbieten den Gebrach während der Unterrichtstunden, andere im Bereich der Mensa. Schüler dürfen das Handy dabei haben, aber ausgeschaltet. Ob diese Regeln eingehalten werden, ist jedoch die Frage. Wer soll das kontrollieren? Was geschieht bei Fehlverhalten? Wie lange darf man einem Schüler sein Handy wegnehmen? Alles schwierig. – Gegen den Gebrauch von Smartphones während des Unterrichts ist nichts einzuwenden, sofern sie zu Recherchezwecken benutzt werden. Nicht alle Schulen sind optimal mit Tablets ausge stattet. Wenn die Vernetzung aber zu privatem Unsinn missbraucht wird, wird es bedenklich. In solchen Momenten entfernt sich der Schüler mental sehr weit vom Unterrichtsthema. Er versäumt Inhalte, die für den Gesamtkanon wichtig sein können. Die Wertigkeit des Lernens unterliegt in solchen Momenten der Priorität des Fun-habens. Ein Schüler sollte aber wissen, wozu er in die Schule geht. Fun ist prima – während der Pausen und nach Unterrichtsschluss. Während der Schulstunden ist Konzentration – auch mit Fun, wenn der Lehrer danach ist –angesagt. – Immer mehr Jugendliche, besonders Jungen, geraten in eine Abhängigkeit von ihrem Smartphone. Nach Prof. Thomasius sind Heranwachsende im Schnitt 22 Std./Woche online um zu spielen, zu chatten oder sich zu unterhalten. Da besteht die Gefahr, dass das virtuelle Leben das Reale verdrängt. Die Folgen sind absehbar. Eltern müssen sich fragen, warum Ihr Kind in die Ersatzwelt abtaucht. Besonders zurückhaltende, schüchterne Kinder verschaffen sich dort gern eine andere Rolle. Mädchen müssen

142

wissen, dass sie nichts Intimes preisgeben dürfen. Es könnte zum Mobbing missbraucht werden. Noch gefährlicher sind Blinddates mit Internetbekanntschaften. Man weiß nie, wer sich hinter einem vermeintlich harmlosen Chatfreund verbirgt. Umso wichtiger, dass Eltern und Schule Heranwachsende rechtzeitig mit den Möglichkeiten, aber auch mit den Gefahren des Internets vertraut machen. Verhaltensänderungen ihres Kindes bemerken nur Eltern, die sich kümmern. Gehören Sie bitte nicht zu denen, die wenn es zu spät ist bekennen müssen „das haben wir nicht gewusst!"

Was geht?

„Aller, Was geht?" – „Läuft!" – „Lass Aldi geh'n!" – „Nö, kein Bock!" – So oder ähnlich hört man Kinder und Jugendliche sprechen. Sie kommen mit einem rudimentären Wortschatz aus, denn Präpositionen und andere Feinheiten unserer deutschen Sprache benutzen sie nicht. Sprache ist ständig im Wandel. Neue Ausdrücke kommen hinzu, andere veralten und werden nicht mehr benutzt. Einflüsse anderer Sprachen schleichen sich ein. Das ist normal. Aber trotz dieser Veränderungen bleiben die Strukturen und das Gerüst, um das sich Worte und Begriffe einer Sprache ranken, die gleichen. Nicht nur das Aussehen, sondern auch die Sprache eines Menschen ist seine Visitenkarte. Wer nicht richtig spricht, hat in unserer Gesellschaft weniger Ansehen. Ein Mensch, der Grammatik- Fehler macht, mir und mich verwechselt, den Akkusativ gegen den Dativ tauscht und womöglich „Kanak-Sprache" (sorry, das ist nur ein Zitat!) spricht, hat beruflich und auch privat effektiv nicht die gleichen Chancen, wie einer, der sich einer sauberen Artikulation bedient. Wenn Eltern Migranten sind und selbst nicht gut Deutsch sprechen, müssen sie ihre Kinder dazu anhalten, viel zu lesen und deutsches Fernsehen zu schauen, z.B. N3, Arte,.. Die Deutsche Welle z.b., sendet Lehrprogramme. Außerdem sollten diese Eltern den Kontakt ihrer Kinder zu deutschen Kindern fördern. Nur durch Übung schleift sich eine Sprache ein. Alle Eltern täten gut daran von Beginn an richtig mit ihren Kindern zu sprechen. Babysprache ist nicht förderlich. Was ich meine? Es heißt eben nicht ,, ..dann hab ich ihn was vorgelesen" oder „gib ihn doch mal das Salz", denn beides steht im Dativ und es heißt <ihm>. Es heißt auch nicht „geb mir sofort das Buch", denn in der Befehlsform (Imperativ) muss es <gib> heißen. Auch die Präpositionen darf man nicht weglassen. Man geht eben nicht <Aldi>, man geht <zu Aldi>. Bitte auch nicht<nach Aldi>! „Nach" heißt es, wenn man in andere Städte und Länder reist. „Zu", wenn man Personen und bestimmte Punkte aufsucht. Wenn man dann diese grammatikalischen Regeln einhält, kommt es noch darauf an, dass man die Wörter

145

auch sauber und bis zum Ende ausspricht. „Is Annoh doh?" – Nein! –„Anna ist nicht da!" Das „A" wird besonders in Hamburg stiefkindlich behandelt. Oft kling es, wie hier beschrieben, wie ein langgezogenes oah. Eine saubere, deutliche Aussprache bis zum Wortende zeigt dem Gesprächspartner, dass jemand die Deutsche Sprache ernst nimmt und achtet. Wer das tut, zeigt, dass er weiß, worauf es ankommt. Wer das tut wird auch selbst gut ankommen. Sie sind schwanger? Prima, meinen Glückwunsch! Denken Sie bitte beizeiten daran, schon im Säuglingsalter Ihres Nachwuchses richtiges und sauberes Deutsch zu sprechen. Wenn ein Kind in eine richtige Sprache hineinwächst, fällt es ihm selbst leichter, sich gut auszudrücken.

Dein Lehrer kann nicht zaubern, gib ihm ne Chance.

Die schulischen Leistungen Ihres Kindes sind nicht die besten? Schon wieder eine 5 in Mathe? Das Gespräch mit der Lehrerin ist ernst. „So wird er das nicht schaffen." Sie fragen sich, was zu tun ist. Bei den Hausaufgaben trödelt Johannes. Immer wieder spielt er mit seinem Handy. Wenn Sie versuchen, ihm etwas zu erklären, verdreht er seine Augen. Regelmäßig werden Sie laut. Kurz vor einem Infarkt verlassen Sie hastig das Zimmer. Sie fühlen sich hilflos der Dickfelligkeit Ihres Kindes ausgesetzt. Deshalb entschließen Sie sich, Hilfe und Unterstützung von außen zu buchen. Eine Nachhilfe muss her. Sie glauben, dass Johannes im Gruppenunterricht abgelenkt wäre und buchen Einzelunterricht bei einer Studentin. Nach den ersten Stunden kommt das Feedback. Was Johannes im Nachhilfeunterricht übt, festigt er zu Hause nicht. Was die Studentin ihm aufgibt, macht er nicht. Zum Beispiel wird er ohne Kenntnis des Einmaleins in der Bruchrechnung scheitern. Ein ernstes Gespräch mit Johannes folgt. Er verspricht, in

Zukunft zu lernen. Die nächste Mathearbeit belegt jedoch das Gegenteil. „Ich hab ja Nachhilfe, ich schaff das", verspricht Ihr Sohn. Er verlässt sich auf die Dienste der Lehrerin. – Deren Anruf erreicht Sie bald. Sie gibt auf. „Johannes muss lernen wollen", sagt sie und „ich kann nicht zaubern". Sie hat Recht. Niemand kann Wissen in einen anderen Kopf einpflanzen, wenn der nicht mitmacht. Solange Johannes nicht motiviert ist, etwas verstehen zu wollen, geht nichts. Solange sein Wollen nur ein Lippenbekenntnis ist, dito. Sie geben zu bedenken, dass er ja in der Pubertät steckt und es nicht besser weiß. Sie klammern sich daran, dass Ihr Sohn nicht dumm ist. – Immer wieder fragen Eltern verzweifelt, was sie in solchen Fällen tun sollen. Mein Rat ist für liebende Eltern oft schwer verdaulich. Sie wollen ihren Kindern alles geben, es soll ihnen an nichts fehlen. Aber alles ist zu viel! Ein Kind, das alles hat, das „satt" ist, wird träge und sieht keine Notwendigkeit, sich zu bewegen. Daher muss das Sättigungsgefühl ein Ende haben. Machen Sie einen Vertrag mit Ihrem Kind.

Erklären Sie ihm, dass Sie dafür verantwortlich sind, dass es sich seine Zukunft nicht durch Faulheit verbaut. Sie beschränken seine Internetzeit. Stundenweise ist das Mobiltelefon bei Ihnen geparkt. Fernsehen endet um 20 Uhr.

Chill-Zeit wird begrenzt. Sie entscheiden individuell, wo Ihr Kind die Einschränkung schmerzt. – Jedes erreichte Lernziel bringt jedoch etwas zurück. Johannes hat sehr schnell das Einmaleins gelernt, weil er sein Handy wiederhaben wollte. Der Mathetest fiel besser aus als sonst. Der Junge war stolz auf seine erste 3 in Mathematik und seine Mutter belohnte ihn gern. Loben Sie Ihre Kinder, wenn sie gute Ergebnisse erzielen, belohnen Sie sie auch. Scheuen Sie sich aber nicht, eigene Erziehungsfehler durch den Entzug von Privilegien zu korrigieren, denn noch sind Sie verantwortlich.

Was Elf- bis Zwölfjährige wissen müssen

Wer in Hamburg 11 Jahre alt ist, geht in eine 5. oder 6. Klasse. Diejenigen, die nach Klasse 4 schon gute Leistungen gezeigt hatten und die, deren Eltern glaubten, dass keine andere Schule infrage käme, besuchen ein Gymnasium, alle anderen die Stadtteilschulen. Die 6. Klasse ist eine wichtige, denn nun entscheidet sich, wer seinen Weg weiterhin auf dem Gymnasium gehen kann und wer noch dorthin wechseln darf. Ebenso entscheiden die Leistungen darüber, welche Profile und Leistungsgruppen Stadtteilschüler anwählen können. Sie werden sich fragen, warum das hier ein Thema ist, schließlich führen in unserer Stadt viele Wege nach Rom, d.h., zum hohen Ziel „Abitur". Auch Spätentwickler haben immer noch die Chance dazu. Dennoch: Für die meisten und grundsätzlich gilt, dass die Klasse 6 eine Entscheidende ist. Hier scheiden sich die Geister, die Lernwilligen von den anderen, die Begabten von denen, die Förderung brauchen. Unabhängig davon, wo ein Kind seine Chancen sucht, gewisse Basiskenntnisse müssen zu diesem Zeitpunkt vorhanden sein. Im Fach Deutsch muss man wissen, wie Wortarten und Satzglieder heißen. Man sollte die vier Fälle richtig anwenden können und die Zeiten kennen. Wer glaubt, das Präteritum sei die Zeit der Saurier und längst passé, der irrt genauso wie der, der das Plusquamperfekt für diese kleinen Dinger hält, aus denen später Frösche werden. Auch wie man Sätze durch Kommata trennt und welcher Satz ein Nebensatz ist, kann wichtig werden. Von der Bedeutung der Groß- und Kleinschreibung muss ich nicht reden. Ich kann ja manchmal blöd sein, aber deshalb bin ich nicht immer die Blöde. – In Mathematik muss ein Elf- bis Zwölfjähriger nicht nur die Grundrechenarten beherrschen und das Einmaleins im Schlaf. Er muss auch mit Bleistift, Zirkel und Lineal umgehen können. Brüche sollten ihm keine Angst machen, denn sie sind ja nichts Schlimmes, sondern nur Teil von etwas, mit dem man rechnen kann. Wichtigster Fakt ist zu wissen, dass man nicht Äpfel und Birnen addieren oder subtrahieren kann, sondern dass man erst daraus Obstsalat macht. Was das heißt? $1/3 + \frac{1}{4}$ geht so

151

nicht, aber wenn ich die Nenner malnehme, und beide Brüche umrechne in Zwölftel, dann schon, das ist dann Obstsalat. – Auch in Englisch braucht es Kenntnisse außerhalb der unregelmäßigen Verben (im Schlaf!). Da muss man wissen, wie man Sätze baut, wie man Fragen stellt und Nein sagt. Auch die Zeiten wollen richtig angewendet werden. Und wer seine Vokabeln nicht gründlich lernt, dem fehlt der Werkzeugkasten, um Englisch auch sprechen zu können. – Wir haben nur drei Fächer und Beispielthemen gesprochen! – Chillen ist das eine, Lernen das andere. Eine schwierige Zeit für Sie als Eltern, deren Kinder jetzt gleichzeitig mit einem hohen Lernanspruch in die Pubertät kommen. Tipp: Lassen Sie sich nicht schrecken. Bleiben Sie hart. Nur, wer jetzt keine Lücken aufkommen lässt, sieht einer entspannten weiteren Schulzeit entgegen. Sollte ihr Sprössling Wissenslücken haben, müssen die jetzt geschlossen werden. Schule ist nicht doof! Schülern die regelmäßig lernen, macht sie Spaß.

Ich poste, also bin ich

Und wie viele Follower haben Sie? – Sie wissen gar nicht, was das ist? – Ach du meine Güte!

Womöglich ist es Ihnen auch noch egal, was die Leute über Sie denken? – Immer mehr Kinder und Jugendliche geraten in Abhängigkeit vom Zuspruch anderer. Nun werden Sie sagen, dass das ja nicht neu sei, denn schon immer war es Menschen wichtig, zu gefallen. Heute reicht es jedoch nicht, dass die beste Freundin die neue Jeans lobt. Heute machen nicht nur Jugendliche ihr Privatleben öffentlich um ihrem Leben eine Bedeutung zu geben. Durch das, was sie im Netzwerk veröffentlichen, sind sie. Wer dort nicht auftaucht, den gibt es praktisch nicht. Die Mediengeilheit von Stars und Sternchen ist zu verstehen, denn wer nicht im Gespräch ist, für den werden die Jobs dünner. Von asiatischen Mädels jedoch, die vor jedem Denkmal albern in die Luft springen, haben wir die Nase gestrichen voll, kann man in Rom doch kaum ein Foto machen, ohne dass einem in letzter Sekunde so ein Girly vor die Linse springt. Nun hat dieser Hang zur Selbstdarstellung unsere Kinder erreicht. Wo sie gehen und stehen, machen sie Selfies, die sofort ins Netz gestellt werden. Schmollmund und Lolitablick haben bei den Mädchen Hochkonjunktur. Gewisse Outfits müssen sein, Accessoirs wie riesige Sonnenbrillen, ein kecker Trillby (na, ein Herren-Hut mit kleiner Krempe!) oder Schmuck auch. Bloß nicht langweilig sein! – Ja, geht's noch? – Negative Bewertungen oder Kritik im Netz, z.B. auf der eigenen Facebookseite, bei Twitter oder wo man sich sonst darstellen kann, beeinträchtigen das Wohlbefinden. Manche führen ein Leben für die anderen, statt bei sich zu sein, Bedürfnisse zu spüren und ihr Leben zu er-leben. Sie erfüllen eine vermeintliche Erwartungshaltung ihrer Netz-Beziehungen. Bei einer zunehmenden Zahl von Jugendlichen führt der überhöhte Anspruch an die eigene Person und das Erkennen etwaiger Unzulänglichkeiten zu psychischen Störungen und sogar zu Depressionen. Sie haben als Eltern die schwierige Aufgabe, zu erkennen, wann es kritisch wird. Wie oft postet Ihr Kind im Netzwerk? Das können Sie nur wissen, wenn Sie zu seinen „Netzwerk-Freunden" gehören. Und diese Zugehörigkeit sollten Sie verhandeln, denn Eltern müssen wissen, was ihre Kinder treiben. Sollten Sie bemerken, dass dort jeder Pups ihrer Tochter, jeder Rülpser Ihres Sohnes erscheint, führen Sie Gespräche. Es ist eine Gratwanderung und dass Sie sich unbeliebt machen schwebt über Ihnen. Aber dieses Risiko müssen Sie eingehen. Versuchen Sie klar zu machen, dass es Dinge gibt, die nicht ins Netz gehören. Vielleicht gelingt es Ihnen sogar, Ihrem Kind zu verdeutlichen, dass es nicht cool und stark ist, den anderen permanent gefallen zu wollen, sondern eher von Schwäche zeugt. Wer nichts Eigenes hat, der macht sich zum Teil der Masse. Unterstützen Sie Ihren Nachwuchs in dem Bewusstsein, dass er etwas ganz Besonderes ist und dass was er macht, nur für ihn zählt. Natürlich braucht Ihre Tochter jetzt diese riesige kreisrunde Sonnenbrille!

...und vielleicht haben Sie von Opa noch einen Trillby im Schrank?

Knigge für den Elternabend

Sie sehen dem Erlebnis, zwei Stunden Ihres wohlver-
dienten Feierabends auf unbequemen, meist viel zu
kleinen Schulstühlen beim Elternabend verbringen zu
dürfen, mit gemischten Gefühlen entgegen. Ich rate
Ihnen trotzdem, gehen Sie auf jeden Fall hin! Nur wenn
Sie den Kontakt zur Schule halten werden Sie ausreichend Information bekommen. Sie fragen sich, was Sie
anziehen sollen. Glauben Sie nicht, das sei unwichtig!
Schulveranstaltungen sind offizielle Anlässe. Der Eindruck, den Sie dort vermitteln, färbt auf Ihr Kind ab.
Deshalb vermeidet Mutter bitte Leggins und Miniröcke
von der Länge breiter Gürtel. Vaters Brusthaar ist für
andere nicht interessant und wenn er weder ein Fuß-
ballstar, noch ein berühmter Rapper ist, verzichtet er
bitte darauf, vor den Eingang und auch sonst auf den
Boden zu spucken. Ausschließlich in diesen beiden Be-
rufsgruppen soll das Spucken Männlichkeit und Überle-
genheit signalisieren. Ansonsten ist das, wie das Kauen
von Kaugummi, nur schlechtes Benehmen und ordinär.

Sie haben den Klassenraum Ihres Kindes gefunden und nehmen Platz. Die Feststellung der Anwesenheit ist bei manchen Elternversammlungen schon das Spannendste. Nicht alle Lehrer sind Entertainer. Sein Sie bitte nachsichtig. Stellen Sie keine Fragen, die ausschließlich Ihr eigenes Kind betreffen. Dass Kevin Stress mit Chantal hat, interessiert niemand anderen. Für derartige Probleme wird nach Beendigung des gemeinsamen Teiles immer Gelegenheit sein. Denken Sie aber darüber nach, wie Sie sich in der Schule Ihres Kindes engagieren könnten. Als Elternrat werden Sie sich nicht überarbeiten. Dieses Amt können Sie gut trotz Vollbeschäftigung übernehmen. Sie werden engen Kontakt zu anderen Eltern, Schulleitung und Kollegium pflegen. Wenn Sie eine Affinität zu Buchführung und Geld haben, lassen Sie sich zum Schulvereinsvorsitzenden wählen. Manchen Eltern macht es Freude, einen Wahlkurs in Ihrem Fachgebiet anzubieten. „Wir reparieren ein Mofa" ist für Achtklässler durchaus spannend. Andere bieten Lesehilfe, Hausaufgabenbetreuung oder Unterstützung im Unterricht an. Wichtig ist, dass Sie verstehen lernen, wie Schule tickt. Das wird Ihnen die Schuljahre Ihrer Kinder erheblich erleichtern. Nicht zu vergessen, der schnelle und direkte Weg zu den Lehrern, die man aus gemeinsamen Sitzungen kennt. Eltern, die sich in der Schule engagieren, zeigen ihren Kindern Ihre Wertschätzung für die Lernanstalt. Solche Kinder haben einen besseren Stand als andere, deren Eltern sich aus dem Schulgeschehen locker raushalten, dafür aber unqualifiziert darauf schimpfen und die Schule verunglimpfen. Übrigens schimpft es sich in stilvoller Kleidung viel besser, als im Jogginganzug.

Schulwechsel – Abstieg oder neue Chance?

„Wie machen wir es richtig?" fragen sich manche Eltern, die ein Kind in der 6. Klasse haben. Ein Wechsel von der Stadtteilschule auf ein Gymnasium ist zu dieser Zeit, auch bei guten Leistungen, nicht vorgesehen. Aber für sehr gute Schüler ist nichts unmöglich, so unter Umständen durch Wiederholen eines Schuljahres. Schüler der Gymnasien, die sich beim Lernen nicht so leicht tun, dürfen sich nach dieser Klasse noch einmal entscheiden. Wollen sie in der Stadtteilschule in weiteren sieben Jahren das Abitur anstreben oder wollen sie auf dem Gymnasium bleiben und dort den Weg in sechs Jahren versuchen? Diese Entscheidung will gut überlegt sein. Man muss wissen, dass Schüler beider Schultypen zu diesem Zeitpunkt nicht auf dem gleichen Lernstand sind. So kann es z.B. sein, dass das Thema Bruchrechnung, das in der Stadtteilschule in Klasse 6 anfällt, im Gymnasium schon in 5 erledigt wurde. Auch hat in Klasse 6 bereits eine weitere Fremdsprache begonnen. Abgesehen davon, dass der Lehrplan der Gymnasiasten

159

viel komprimierter und umfangreicher ist, lernen hier Schüler, die eine schnellere Auffassungsgabe haben oder auch strukturierter arbeiten können. In der Regel wird der gymnasiale Unterrichtsablauf wohl auch weniger durch verhaltensauffällige Schüler erschwert. Wenn Sie als Eltern also den Schritt des Schulwechsels planen, beherzigen Sie auf jeden Fall die Empfehlung der Klassenlehrkraft. Sie kann einschätzen, ob Ihr Kind den hohen Anforderungen eines Gymnasiums gewachsen ist oder besser den etwas langsameren Weg der Stadtteilschule gehen sollte, denn beide führen zum Ziel. – Anders verhält es sich, wenn Ihr Kind nach Klasse 6 des Gymnasiums nicht die nötigen Leistungen erbringt. Dann haben Sie keine Wahl. Sollte Ihr Nachwuchs also seine Mitschüler verlassen und die Schule wechseln müssen, braucht er jetzt Ihre volle Rückendeckung. Der Frust und die Enttäuschung versagt zu haben werden ihm zusetzen. Ihr Kind braucht nun Zuspruch und Wärme. Es muss wissen, dass seine Eltern zu ihm stehen und es nicht zusätzlich unter Druck setzen. So ein

Schulwechsel ist kein Ehrverlust. Zeigt er doch nur, dass man sich geirrt und den falschen Weg gewählt hatte. Wichtig ist aber, dass so ein Kind dann in der Stadtteilschule fleißig lernt. Wer auf den ersten Blick glaubt, er könne ja schon alles, weil er den Stoff schon hatte, der ihn hier erwartet, irrt meist gewaltig. Solche Schüler rutschen nicht selten ganz nach unten durch und kommen nur schwer weder auf die Füße. Es heißt hier, den Vorsprung nutzen und am Ball bleiben, das Lernniveau nicht zu unterschätzen. Ein Grund für das Scheitern ist häufig auch fehlende Struktur und Organisation, was Termine, Ordnung, Heft - und - MappenFührung angeht. Das gilt übrigens für alle Schüler. Man weiß und akzeptiert außerdem, dass die Schule, gleich welche, der Arbeitsplatz der Kinder ist und kein Ort der Selbstdarstellung oder Party zu machen. – Allen Schülern, die es trifft, einen guten Start an den neuen Schulen! Seht diesen Wechsel als Chance! www.broseschulcoaching.de

Hausaufgaben – hilfreich oder Zeitverschwendung?

„Ich hab wieder so viel auf!" beschwert sich Lena. „Es ist endlich tolles Wetter und ich sitze hier an dem ganzen Mist. Kannst du mir vielleicht bei Mathe helfen?" Ihre Mutter stellt fest, dass sie nichts über das Thema, das ihre Tochter bearbeiten soll, weiß. „Aber Frau Z. zensiert das", mault Lena , „und ich hab keinen Schimmer, wie das geht." „Wie kann sie denn etwas zensieren, von dem sie gar nicht weiß, ob die Schüler es allein gemacht haben?" wundert sich die Mutter. Lena hat an diesem Tag Hausaufgaben in vier Fächern zu machen. Über die Aufgabe in Musik wundert sich ihre Mutter besonders. „Finde heraus, welches Lied das wichtigste im Werk von MMF. ist." Der ist jedoch nahezu unbekannt, selbst in den sozialen Netzwerken und im Internet findet sich nichts. Dann wird Lena auf youtube fündig. Der Künstler singt offenbar Schimpfworttexte, bei denen er mit 3 F-Wörtern auskommt. „Das lässt du weg!" ordnet Lenas Mutter an. „Das ist Zeitverschwendung." Am nächsten Tag berichtet Lena, dass die Musiklehrerin die

162

Aufgabe zurückgezogen habe, weil sie selbst den Sänger nicht gekannt und die Übung in Musik nicht durchdacht hätte. – Ja geht's noch?! werden Sie denken. Reicht es nicht, dass Schüler so viel zu lernen haben? Muss sich da noch Unsinniges überlegt werden, nur um Beschäftigung zu garantieren? Manche Eltern fragen sich, welchen Sinn Hausaufgaben überhaupt haben. – Selbst wenn Unterricht gut ist, muss ein Lernender Übungen dazu machen. Er muss auf diesem Wege herausfinden, ob er das Thema verstanden hat und anwenden kann, was er gelernt hat. „Ich kann das nicht" bedeutet, am nächsten Tag im Unterricht zu fragen, wie das geht! Hausaufgaben können also Wissenslücken aufdecken und zur Übung gut sein. Hausaufgaben sollten jedoch nicht zensiert werden. Es ist nicht zu beweisen, dass dabei die Leistung des Schülers selbst bewertet wird und nicht die seiner große Schwester. Bei Präsentationen ist das etwas anderes, denn da muss jeder im Unterricht zeigen, wie sehr er durchdrungen hat, was er vorlegt. Das Bewerten von Hausaufgaben ist

auch aus sozialen Gründen unter Umständen ungerecht.

Eltern mit guter Bildung können ihren Kindern natürlich
besser helfen, als andere. Worauf Lehrer jedoch ver-
stärkt achten sollten sind die Arbeitstechniken. Wenn
die Schrift nicht zu lesen ist, weil sie aussieht, als sei
ein Huhn über das Papier gelaufen, darf das nicht
durchgehen. Mappen mit Eselsohren und ausgerisse-
nem Deckblatt sollten nicht angenommen oder
schlechter bewertet werden. Wenn die Übung voller
Rechtschreibfehler steckt, muss es eine Quittung geben. Denn: „Ordnung ist das halbe Leben". – Ein gewis-
ses, vernünftiges Maß sollte täglich aber nicht über-
schritten werden. Kinder brauchen Freizeit. Sie müssen
sich bewegen und Freunde treffen. Und: Schüler dürfen
sich von ihren Lehrern wünschen, dass sie nichts auf-
geben, von dem Sie selbst keinen Schimmer haben!

Lust und Pflicht – ein Spagat

Wann ist eigentlich mal Zeit, gar nichts zu tun? Wann dürfen Kinder machen, was sie wollen, ohne an Pflichten zu denken? Faul sein, chillen, rumliegen, schluren oder an der Teppichstange hängen? Na, von 0 – 5 Jahren, aber doch auch nicht ganz. Und natürlich in den Ferien, aber natürlich nicht nur. Und an den Wochenenden, mit Einschränkungen. – Eigentlich unterliegt jeder Mensch in unserer modernen Welt mit Beginn seines Lebens, Richtlinien und Einschränkungen. Er lernt früh, wie er sich zu verhalten hat und was man von ihm erwartet. Er lernt, dass es wichtig ist, sein Leben erfolgreich zu bestreiten. Erfolg ist eine wichtige Größe. Erfolg heißt meist viel Geld. Dass damit Einfluss und Macht verbunden ist, macht sich vielen später deutlich als der Umstand, dass Geld einen hohen Grad an Konsum ermöglicht. Werte sind für die meisten Menschen heute Statussymbole – mein Haus, meine Jacht, mein Pferd, mein Ferrari – oder Reisen zu machen. Natürlich nicht Reisen in den Harz oder das Weserbergland, nein, Kreuzfahrten in die Karibik oder Flüge nach Südafrika müssen es schon sein. Die anderen Werte, die so genannten Tugenden wie Ehrlichkeit, Höflichkeit, Loyalität, Pünktlichkeit geraten da schon mal ins Hintertreffen. Müssen wir uns nicht fragen, ob unsere Kinder, auch die über 5 Jahre, mehr Raum für die Entwicklung von „Menschlichkeit" brauchen? Wann ist Zeit, den zukünftig Erfolgreichen Mitgefühl, Hilfsbereitschaft und Selbstlosigkeit nahezubringen? Sie werden mir zustimmen, dass diese Frage nicht unwichtig ist, obwohl das Zusammentreffen von Pubertät und wichtigster Lernphase nicht ungünstiger sein könnte, dass Kinder, die von neuen Vernetzungen im Oberstübchen nur so geschüttelt werden, gleichzeitig Grundfertigkeiten und das Basiswissen anlegen müssen, das sie brauchen, um qualifizierte Berufstätige werden zu können. – Diesen Spagat zwischen Sachzwang erkennen und Persönlichkeitsentwicklung zu fördern müssen Eltern hinkriegen.

Darum machen Sie sich bewusst, dass Ihre Kinder zwar fleißig lernen müssen, aber trotzdem auch Raum für sich brauchen, den sie selbst bestimmen dürfen. – Leicht haben es die Kinder, deren Eltern vorleben, wie man nicht nur durch den Alltag hetzt und permanent im Stress ist. Eltern, die zu leben verstehen, die trotz Alltagsbelastung ein Auge für das Wesentliche haben, die sich Zeit nehmen, den kleinen Käfer ins Gras zu tragen, statt ihn einfach wegzuwischen, weil er stört. Eltern, die mit ihren Kindern Liedchen trällern und ihnen Geschichten erzählen, bevor nochmal Vokabeln und Einmaleins wiederholt werden. So lernen zukünftige Erwachsene den Spagat zwischen Lust und Pflicht zu meistern.

Was kostet das Leben?

„Nermin hat so eine tolle Jeans bekommen. Ich möchte auch so eine." – „Es gibt jetzt ganz geile Sneakers. Die kosten nur 180 €!" – „Kann ich auch so eine kreisrunde Sonnenbrille haben? Die gibt es schon für 25€." – „Ich habe doch keinen Geldscheißer! Was denkst du dir?" entrüstet sich die Mutter. Eltern können den Wünschen ihrer Kinder leider nicht immer nachkommen, auch wenn sie es noch so gern täten. Lebenshaltungskosten steigen ständig, das Gehalt aber meist nicht in gleichem Maße. Früher rechnete man, dass ca. 1/4 des Gehaltes für Miete und Wohnkosten gebraucht würde. Das kann heute weit mehr sein. Wenn man Kindern und Jugendlichen erklärt, dass man sich nicht alles kaufen kann, was das Auge sieht, verstehen sie das oft nicht. Sie können sich „Geld verdienen" nicht vorstellen. Darum ist es keine gute Idee, sie nur zurechtzuweisen. Besser ist es, einmal die Rechnung aufzumachen, was einer verdienen muss, um sich sein Leben leisten zu können. Jörn träumt davon, gleich nach der Schule auszuziehen.

Die Rechnung bringt ihn auf den Teppich zurück. Miete + NK belaufen sich mindestens auf 500 – 600 €. Für Essen kann er locker 50 €/Woche rechnen. Ab und an braucht er neue Kleidung. Eine Fahrkarte muss bezahlt werden. Die kostet 60 €. Als zukünftiger Auszubildender bekommt er im ersten Jahr 650 € ausbezahlt. Jörn versteht, dass es mit der eigenen Wohnung noch nichts werden kann. Vielleicht ist ja ein Zimmer in einer WG drin? – Kinder müssen auch lernen, dass der Wert des Geldes nicht nur darin liegt, wie viel man dafür kaufen kann, sondern auch darin, wie hart man dafür arbeiten musste. Die Frage, ob es OK ist, dass der Vater für die modische Sonnenbrille zwei Stunden am Fließband schuften muss, hat sich die Tochter bisher nicht gestellt. Deshalb kann es nicht schaden, ihr zu erklären, wie viel vom Arbeitslohn bleibt, wenn Steuern und Abgaben abgezogen sind. Wenn man dann die Rechnung aufmacht, was die Familie an Lebenshaltungskosten verbraucht, wird schnell deutlich, wie viel Luft noch für den Einzelnen bleibt, Luxus oder Überflüssiges zu er werben. Natürlich sind die Wünsche von Kindern und Jugendlichen groß, zumal wenn das Umfeld oder die Peer - Group Mode und Trend vorgibt. Wer da nicht mitkann, ist schnell außen vor. Es gehört eine Portion Selbstbewusstsein dazu, das zu ignorieren und in dem Alter seinen eigenen Weg zu gehen. Darum: Verstärken Sie, loben Sie, unterstützen Sie Ihre Kinder. Gehen Sie ehrlich und offen mit Geldfragen um. Schaffen Sie das nötige Bewusstsein, mit dem Ihre Kinder Ausgaben verantwortlich und sparsam angehen. Man kann es ver- kraften, den einen oder anderen Trend auszulassen. Eltern sind die Vorbilder der Kinder.

No have, no can give! – Taschengeld ist wichtig

„Kann ich bitte auch Taschengeld haben?" – „Wozu Taschengeld? Du bekommst doch alles, was du brauchst." „Ja, aber alle kriegen Taschengeld." – Sicher bekommen nicht alle Taschengeld, aber der Wunsch danach ist verständlich. Taschen-geld, wie das Wort schon sagt, Geld, das man in der Tasche hat, um es spontan ausgeben zu können. Sie sind davon überzeugt, dass es Ihrem Kind an nichts fehlt. Das ist gut so, aber darum geht es beim Taschengeld ja nicht. Dieses ist dazu da, dass ein Kind lernt, die Bedeutung des Geldes einzuschätzen und mit seinem Geld umzugehen. Gibt es sofort alles aus, haut es jeden Euro gleich auf den Kopf, hat es bis zum Monatsende kein Geld mehr. Dumm gelaufen, wenn am 25. ein dringender Wunsch aufkommt. Allerdings braucht Taschengeldzahlung auch Konsequenz. Eltern sollten am 25. nicht weich werden und den Wunschkauf aus ihrer Tasche bezahlen. - No have, no can give! – Manchmal hegt der Nachwuchs auch größere Wünsche, die seine Eltern nicht teilen.

Dann kann er das Taschengeld zumindest anteilig sparen, um sich den Wunsch später zu erfüllen. Wichtig ist, dass Eltern sich in diese Ausgaben nicht einmischen, denn Taschengeld verantwortet das Kind selbst. Die Zahlungen müssen termingerecht erfolgen, damit es damit rechnen kann. Taschengeldentzug als Strafe ist kein akzeptables Mittel. Apropos: Nehmen Sie sich selbst Taschengeld? Ich meine Geld, das nur Ihres ist, über dessen Ausgabe Sie niemandem Rechenschaft ablegen müssen, von dem Sie sich kleine Wünsche oder Luxus leisten können? Viele Menschen tun das nicht. Sie kaufen vom Wirtschaftsgeld, was sie brauchen oder eben nicht, wenn die Kasse eng oder leer ist. Ich plädiere dafür, dass jeder zumindest ein klein wenig eigenes Geld haben muss. Jeder sollte sich ohne schlechtes Gewissen etwas Gutes tun können. „Ach, das brauche ich doch nicht so dringend. Das Alte geht noch. Die Klassenreise ist wichtiger...." Bedarfe gibt es nämlich immer und wenn es danach geht, hat Mutter oder Vater immer das Nachsehen. Darum: Jeder sollte eigenes

Geld haben, über das er frei verfügen kann. Über die Höhe des Taschengeldes für Kinder und Jugendliche muss man reden. Noch-nicht-schulkinder müssen nicht mehr als 2 - 5€/Monat bekommen. Grundschulkinder 5 - 10 €. Jugendliche ab 13 Jahren sollten, wenn es das Budget abwirft, 10 - 20 € erhalten. Die Zuwendung ist bis zum 18. Lebensjahr auf 70 - 80 € zu erhöhen. Wenn Kinder oder Jugendliche mehr brauchen, als ihre Eltern ihnen geben wollen oder können, müssen sie tätig werden und kleine Jobs annehmen. Übrigens: Haben Sie kein schlechtes Gewissen, wenn Sie sich den teuren Seidenschal von Ihrem Taschengeld gönnen. Sie haben ihn sich verdient.

Kindergeburtstag – nur einmal im Jahr!

„Mit Timo durften wir alle ins Kino gehen und danach waren wir bei Mc Doof. Das war ganz toll, echt." Ihr Sohn plant seine Geburtstagsfeier. Er wird 10 Jahre alt. Ob es toll ist, zwei Stunden nebeneinander im Kino und dann weitere zwei Stunden im Restaurant zu sitzen, bezweifeln Sie? Sie fragen sich, wo die Kindergeburtstagsfeiern geblieben sind, die Sie kennen? Feiern, bei denen das Geburtstagskind im Mittelpunkt stand und die Gäste alle etwas zusammen veranstaltet haben. Ich meine, aktiv zusammen gespielt haben, so dass Kontakt und Interaktion der Inhalt des Tages war, nicht passiver Konsum von irgendwas. Sie wissen, was ich meine. Wer heutzutage nicht etwas Ungewöhnliches mit seinen Geburtstagsgästen unternimmt, muss sich nicht wundern, wenn danach herumgeht, dass die Feier voll öde war. Kann man die Spiele, die man früher spielte, dem modernen Nachwuchs von heute überhaupt noch anbieten? Für jüngere Kinder ist eine solche Feier immer angebracht. Erinnern Sie „Wattepusten"? Oder viel

174

leicht „Erbsenraten"? Hatten wir nicht jedes Mal Riesen-
spaß, beim „Sackhüpfen" oder „Topfschlagen"? Voll
spannend waren Wettläufe im Garten und zum Kugeln
komisch, wenn beim „Eierlaufen" mit Kochlöffel und
Tischtennisball der Ball sich hopsend auf den Weg ins
Irgendwo machte. Wenn das Zimmer nicht zu klein ist,
geht der „Plumssack" sogar in der Wohnung herum.
Und „Zublinzeln" ist immer aufregend. Lustig auch das
„Schokoladenwettessen", bei dem man sich um die
Wette Mütze, Schal und Handschuhe anziehen musste,
bevor man mit Messer und Gabel auf die Schokolade
losgehen durfte. Gleich, was Sie veranstalten, Sie werden kleine Preise für die Sieger benötigen. Aber bloß
nicht übertreiben! Solche Kinderspiele erfreuen zuweilen sogar Ältere, wenn man sie nur richtig „verkauft".
Motto: „Wir feiern Geburtstag wie früher". Wer noch
eins draufsetzen möchte, bittet die Gäste sich so zu
„verkleiden", wie ihre Großeltern in ihrem Alter aussa-
hen, inklusive der Frisur. Sie fürchten, Ihr Kind ist für
so ein Projekt nicht zu haben? Dann müssen Sie sich für
die anstehenden Geburtstagsfeiern etwas Sinnvolles

ausdenken. Feiern in der Natur: Kräuter suchen und Tee kochen, Stockbrot oder Marsh Mellows über dem Feuer rösten. Picknick am Strand, gemeinsam eine Burg bauen. Bogenschießen auf Schaumstoffziele. Hochseilgarten besuchen. Barfuß den Wald durchstreifen. Eine Seifenkiste bauen. Kleine Boote falten und Wettschwimmen veranstalten. ...Sie sind froh, dass Geburtstag nur einmal im Jahr ist? – Keine Sorge, bald stehen die ersten Partys an. Dann dürfen Sie noch finanzieren, aber aus der Feier sind Sie raus. Vielleicht gehen Sie ins Kino...

Nachhilfe – keiner wird gelernt.

Mit mürrischem Gesicht steht sie vor der Tür. Das kann ja heiter werden, denkt er. >Warum bist du so sauer? < – >Ferien! Und ich muss hierher <. – Hierher, das ist das Nachhilfeinstitut. Er weiß um die Bocklosigkeit vieler Schüler, zu lernen. Ihre Eltern zahlen gern den Beitrag dafür, dass sie sich nicht selbst mit dem Kind hinsetzen müssen. Sie halten es nicht aus zu erleben, wie wenig Interesse zum Wissenserwerb bei diesem vorhanden ist. Aber auch der Lehrer sieht das kritisch. Wenn ein Kind nicht lernen will, kann er sich einen Wolf arbeiten mit Erklärungen und pädagogischen Ansätzen. Ein deutliches Gespräch mit Schüler und Eltern ist unumgänglich. >Wir verstehen, dass dich andere Dinge mehr interessieren, als Mathematik. Leider ist das Leben aber kein Wunschkonzert. Jeder muss begreifen, dass es Dinge gibt, die er einfach muss, die er nicht umgehen kann. Dazu gehört, dass du Grundlagen und Regeln schlicht pauken musst, bis du sie im Schlaf kannst <. Eltern kommen nicht umhin, das von ihren Kindern zu verlangen. Wenn sie damit gegen die

Wand laufen, gibt es Wege, dem Nachwuchs die Dringlichkeit des Anliegens zu verdeutlichen. Kinder können nun einmal die Folgen ihrer Unlust nicht absehen, Erwachsene schon. Darum sind in erster Linie Eltern dafür verantwortlich, dass Kinder lernen, die Verantwortung für ihr Tun oder Nicht-Tun zu übernehmen. Konsequenzen, die Ihr Kind schmerzen, kennen Sie selbst am besten. Androhen reicht oft schon aus. Wenn aber keine Verhaltensänderung eintritt, muss gehandelt werden. Eine zweite, dritte und vierte Ankündigung von Konsequenzen gibt es nicht. „Ja, aber ich kann mir das nicht merken. Mein Kopf ist immer gleich ganz leer." Solche Schutzbehauptungen des Kindes gelten nicht und dürfen getrost belächelt werden. Toller Versuch! Manche Nachhilfeinstitute haben nicht nur den wirtschaftlichen Aspekt im Blick, nach dem Motto „Hauptsache das Geld kommt rein". Sie ziehen von ihrer Seite aus Konsequenzen, wenn sie merken, dass ein Schüler blockt und nicht motiviert ist. Zeitverschwendung und Frust. Auch Nachhilfelehrer haben Nerven. Diese können sie für interessierte Schüler besser einsetzen, als für solche, die nicht begreifen wollen, dass in diesem Alter Egotrips ein Luxus sind, den man sich nicht leisten kann. >Wenn du nächste Woche die Rechenregeln immer noch nicht kannst, Luise, dann trennen sich unsere Wege. Dann habe ich keine Lust mehr, dich zu unterrichten. Deine Lehrer in der Schule können sich ihre Schüler nicht aussuchen, ich aber schon.< Nachhilfelehrer können nicht zaubern. Lernen müssen die Schüler selbst.

Ohne Motivation geht nix – Lust auf Lernen?

Aus dem Kinderzimmer tönt laute Musik. Sie wissen nicht, wer da singt, auch die Musik ist nicht Ihre. Na, denken Sie, das haben unsere Eltern auch durchgemacht, als wir damals.. Nun kommt Ihnen die Stimme doch sehr bekannt vor. Vorsichtig öffnen Sie die Tür. – Ihre Tochter packt gerade ihre Schulsachen. Dabei singt sie in bestem Englisch laut mit, was aus dem CD Player dröhnt. Englisch ist nicht ihr Lieblingsfach. Der letzte Test war, wie auch der davor, gerade mal „ausreichend". Das verstehe einer! Liedertexte, auswendig mit prima Aussprache – Tests aber nada. Es ist eine Frage der Motivation. Die Songs findet das Kind toll. Lernen nicht. Vielleicht versteht es auch gar nicht, was es da singt, aber das ist ihm egal. Manche Lehrer denken, diesen Faible für Musik könne man für den Unterricht ausnutzen und den gleichen Effekt für das Lernen der Fremdsprache erzielen. Aktuelle Songs als Transporter, sozusagen. Meist stellt sich das als großer Irrtum heraus. Tolle Songs werden gern genommen, sobald es aber daran geht, die nötigen Vokabeln zu ler-

180

nen, damit man auch versteht, was man da trällert, ist die Motivation dahin. Sobald ein Anspruch erhoben wird, verliert das Thema seinen Reiz. Das Wort, um das sich der gesamte Schulerfolg dreht, heißt „Motivation". Das, wofür man brennt, macht man gut. – Papa, kannst du mir helfen? Wir müssen eine Präsentation machen. Thema? „Was ich an meiner Stadt besonders finde." Sie finden das spannend, Ihr Kind so gar nicht. Was gefällt dir denn an unserer Stadt, Kian? – Weiß nicht. Das ist langweilig. Hilfst du mir? – Und? Tun Sie es? In manchem Vater keimt der Ehrgeiz. Er setzt sich hin und baut eine Folie nach der nächsten. Sehenswürdigkeiten, Landschaft, Kultur. Er hängt all seine Begeisterung hinein. Kian kommt am nächsten Tag bedrückt nach Hause. Na, was hat es für die Präsentation gegeben? Du hast nur ne Drei bekommen. — ? — Na ja, ich hatte die Folien. Die haben aber so viel gefragt und ich wusste ja nichts. Fazit: Eltern helfen strukturieren, Eltern motivieren, aber sie machen nicht die Arbeit! Der Schüler, der die Präsentation hält, ist der Experte für sein Thema. Er kann auf Fragen antworten und gestaltet seine Präsentation anschaulich und interessant. Das setzt voraus, dass er motiviert ist, sich in das Thema einzuarbeiten. Denn: Wenn es die Klassenameraden nicht anspringt, kann er sich den Wolf reden. Keiner wird zuhören, sie werden quatschen und kichern oder mit den Handys spielen. – Motivieren heißt begeistern! Übrigens: Es ist ganz toll, wenn man in einer Fremdsprache auch weiß, was man da singt! Und über deine Stadt kannst du Dinge herausfinden, die du nicht mal geträumt hättest! Doch Lust bekommen? – Voll motiviert? – Dann mal los.

Schule wird zum Reparaturbetrieb

Spät abends klingelt das Telefon. Sie glaubt es nicht, dass jemand so dreist ist.. – "Gut, dass ich Sie erreiche!" dröhnt es aus dem Hörer. „Wer ist da bitte?" „Hier ist Timos* Mutter. Der Timo kann ja noch immer keine Englischen Vokabeln. Wie kann das angehen? Sie beherrschen wohl Ihren Job nicht! Und Sie wollen Englischlehrerin sein!" Höflich, aber bestimmt weist sie die Mutter in ihre Grenzen. Dann legt sie den Hörer auf. – Es ist nicht das erste Mal, dass ihr deutlich wird, welche Ansprüche Eltern heute an die Schule stellen. Morgens kippen sie ihre Kinder vor der Schule aus dem Auto, das Handy am Ohr. Mittags laden sie sie wieder ein. Das Handy noch immer am Ohr. Ist das da angewachsen? Was geschieht zwischen dem einen und anderen Morgen zu Hause? Manche Eltern haben Kinder bekommen, weil die eben irgendwie dazu gehören. Dass man diese aber erziehen muss, überrascht sie nun. Sie erwarten diesen Service deshalb von der Schule und den Lehrern. Dass Eltern sich um die Erledigung der

Hausaufgaben kümmern, verstehen sie nicht, obwohl das Wort es ja schon sagt. Es sind Aufgaben für zu Hause. Dort sind nicht die Lehrer! Timos Mutter müsste sich hinsetzen und mit ihrem Sohn Vokabeln pauken, statt diese Arbeit von der Lehrerin zu erwarten. – In vielerlei Hinsicht übernimmt heute die Schule Aufgaben der Eltern. Eltern, die berufstätig sind, haben am Abend oft nicht mehr die Kraft, sich um schulische und auch erzieherische Belange zu kümmern. Andere sind von Grund auf gar nicht in der Lage, Kindern eine Richtung zu geben, die ihnen hilft, ihren Alltag erfolgreich zu bewältigen. Wenn der Lehrer ein Kind zum Zahnarzt begleitet, wenn die Lehrerin dem Kind die Haare schneidet, weil die Mutter das Geld für den Friseur in Zigaretten und Bier umsetzt, wird einem etwas klar: Fast jeder kann Kinder in die Welt setzen, aber nicht jeder, der „Eltern" ist, kann auch Kinder erziehen. Sie fragen sich, was mir wohl einfällt? Unverschämtheit! Ich gebe zu, das ist ein heikles Thema, für das man mehr Raum bräuchte. Natürlich ist in den meisten Familien – wie bei Ihnen – alles in bester Ordnung. Aber Sie können

sicher sein, dass ich weiß, wovon ich spreche. Leid-
ergibt es auch die anderen. „Man kann davon ausge-
hen, dass etwa 500.000 Kinder in Deutschland regelmäßig nicht ausreichend ernährt werden und immer
wieder Hunger leiden" (Zit. „Welt") Das körperliche
Wohl von etwa 55.000 Kindern und Jugendlichen ist
laut „Zeit" ständig in Gefahr. Und dort wird Schule dann
neben Lehranstalt auch Elternersatz und eben doch
„Reparaturbetrieb". Da kann man nur hoffen, dass ausreichend Lehrerstunden und die nötige Portion Altruis-
mus bei den Lehrkräften vorhanden ist, um den Kindern
zu ihrem Recht zu verhelfen. Denn jedes Kind hat ein
Recht auf Fürsorge und Liebe. Jedem Kind steht die
beste Erziehung und Bildung zu.

186

Brose Bücher

Schulkleidung ist nicht Schuluniform

Survival für Lehrer

Survival für Referendare

Survival für Eltern

So geht das

www.brose-schulcoaching.de

Belletristik

Leben in Versen

Leben in Versen 2017

Ein Kreuz mit Kugelschreiber

Golf – Spazierengehen auf Rasen

Mit Mutter stirbt die Dauerwelle

Herbst

Ich berichte über aktuelle Themen zu Schule und Erziehung. Ihre Fragen und Meinungen sind mir wichtig. Wenn Ihnen Themen am Herzen liegen, die Sie behandelt sehen möchten, wenn Sie Fragen haben, von denen Sie glauben, dass ich sie beantworten könnte, schreiben Sie mir.

Kontakt unter www.brose-schulcoaching.de